हॉकी के जादूगर
मेजर ध्यानचंद

हॉकी के जादूगर
मेजर ध्यानचंद

रचना भोला 'यामिनी'

प्रभात
प्रकाशन

प्रकाशक

प्रभात प्रकाशन प्रा. लि.

4/19 आसफ अली रोड, नई दिल्ली–110002

फोन : 23289777 • हेल्पलाइन नं. : 7827007777

इ–मेल : prabhatbooks@gmail.com ❖ वेब ठिकाना : www.prabhatbooks.com

संस्करण

2025

मूल्य

तीन सौ पचास रुपए

मुद्रक

नरुला प्रिंटर्स, दिल्ली

HOCKEY KE JAADUGAR MAJOR DHYANCHAND
by Rachna Bhola 'Yaminee'

Published by **PRABHAT PRAKASHAN PVT. LTD.**
4/19 Asaf Ali Road, New Delhi-110002

ISBN 978-93-5186-432-5

₹ 350.00

एक परिचय

हॉकी की दुनिया के बेताज बादशाह, 'हॉकी सम्राट्' और 'हॉकी के जादूगर' कहलानेवाले मेजर ध्यानचंद का नाम किसी के लिए भी अपरिचित नहीं है। वे खेल जगत् के ऐसे देदीप्यमान नक्षत्र थे, जो अनेक युगों तक अपनी अलौकिक आभा से भावी खिलाड़ियों तथा देशवासियों को प्रेरित करता रहेगा, उन्हें यह संदेश देता रहेगा कि मनुष्य भले ही कोई भी साधन अपनाए, परंतु उसे अपने देश, अपनी मातृभूमि के प्रति अपने कर्तव्य को कभी भूलना नहीं चाहिए। उसका प्रत्येक कर्म ऐसा हो, जो उसके परिवार, समाज व देश के लिए हितकारी, कल्याणकारी तथा गौरव बढ़ानेवाला हो।

ध्यानचंद के बचपन में उनमें एक खिलाड़ी के कोई लक्षण नहीं थे, इसलिए कह सकते हैं कि उनमें हॉकी के खेल की प्रतिभा जन्मजात नहीं थी। उन्होंने अपनी सतत साधना, लगन, अभ्यास, संकल्प व संघर्ष के माध्यम से इसे अर्जित किया। यह प्रतिष्ठा केवल उनकी नहीं थी। उन्होंने परतंत्र भारत में अपनी हॉकी के उत्कृष्ट प्रदर्शन द्वारा दूसरे देशों को दाँतों तले उँगली दबाने पर विवश कर दिया और उन्हें यह विश्वास दिला दिया कि भले ही उस समय देश पराधीन रहा हो, पर उसकी प्रतिभा किसी की दासी नहीं थी। उसकी प्रतिभा पूरे विश्व में अपने देश का नाम आलोकित करने की क्षमता रखती थी।

हॉकी के जादूगर ध्यानचंद हॉकी के खेल में एक सेंटर फॉरवर्ड के रूप में जाने जाते थे और उनकी इस अद्भुत खेल प्रतिभा ने भारत को एक अलग ही मुकाम पर पहुँचा दिया था। भारतीय हॉकी के पूर्व खिलाड़ी तथा कप्तान मेजर ध्यानचंद का नाम भारत व विश्व हॉकी के क्षेत्र में सबसे श्रेष्ठ खिलाड़ियों में गिना जाता है। उनके खेल का हुनर तो दूसरे पक्ष को भी मंत्रमुग्ध कर देता था। वे तीनों बार उस भारतीय ओलंपिक टीम के सदस्य थे, जो अपने देश के लिए स्वर्ण पदक जीतकर लाई। विदेशी जब उन्हें खेलते देखते तो वाह-वाह कर उठते। वे लगभग 25 वर्षों तक विश्व हॉकी के शिखर पर छाए रहे। यही नहीं, उनके परिवार के अन्य सदस्यों ने भी हॉकी के खेल की इस परंपरा को जीवित रखा और अपने खेल के माध्यम से देश को अपनी सेवाएँ देते रहे। उनके संपूर्ण परिवार ने पाँच ओलंपिक स्वर्ण पदक, एक कांस्य पदक तथा विश्व कप के स्वर्ण, रजत एवं कांस्य पदक अर्जित किए हैं, जो कि अपने आप में किसी रिकॉर्ड से कम नहीं है।

एक खेल पत्रकार के शब्दों में—

"ध्यानचंदजी का नाम जेहन में आते ही आँखों के सामने आ जाती है सन् 1932 व 1936 के ओलंपिक खेलों की वह तसवीर, जिसमें हॉकी के इस जादूगर की स्टिक में गेंद चिपकने के बाद किसी को दिखती नहीं थी—और दिखती भी थी तो गोलपोस्ट के जालों में उलझी हुई।"

(—दीपक चंदेल, दैनिक जागरण; 29 अगस्त, 2002)

उनका जन्म-दिवस 'राष्ट्रीय खेल दिवस' के रूप में मनाया जाता है। विएना में उनकी एक मूर्ति लगाई गई है, जिसमें उन्हें चार हाथों में चार हॉकी स्टिक पकड़े दिखाया गया है। भले ही सुनने में अतिशयोक्ति लगे, परंतु वे हॉकी के मैदान में अनेक खिलाड़ियों पर भी भारी पड़ते थे। उन्होंने हॉकी के खेल में लोकप्रियता का जो कीर्तिमान स्थापित

किया, विश्व का कोई भी खिलाड़ी आज तक उसके आस-पास भी नहीं पहुँच पाया है। मेजर ध्यानचंद की अंतिम इच्छा यही थी कि हॉकी का खेल एक बार फिर अपने स्वर्णिम शिखर तक पहुँचे, अपने उसी मान-सम्मान को पुनः पा सके, जिसका वही सही अर्थों में अधिकारी है। ईश्वर करे कि उनकी यह इच्छा पूर्ण हो।

खेल-प्रेमी तथा अन्य पाठकगण मेजर ध्यानचंदजी की जीवनी से प्रेरणा के कुछ सूत्र ग्रहण कर सकें, इसी आशा के साथ।

—रचना भोला 'यामिनी'

अनुक्रम

1

ध्यानसिंह से मेजर ध्यानचंद

हॉकी के महान् जादूगर मेजर ध्यानचंद का जन्म 29 अगस्त, 1905 को इलाहाबाद में हुआ। वे एक साधारण राजपूत परिवार से थे। उनके पिता सोमेश्वर सिंह सेना में कार्य करते थे। माता श्यामा देवी एक सरल स्वभाव की सुसंस्कृत महिला थीं। उन्होंने अपनी सातों संतानों को अच्छे संस्कार दिए तथा बचपन से देश के प्रति प्रेम व सद्भावना के भाव को विकसित किया।

ध्यानचंद के तीन भाई तथा तीन बहनें थीं। चूँकि पिता सेना में थे, इसलिए उनका स्थानांतरण होता रहता था। कालांतर में उनका परिवार इलाहाबाद से झाँसी आ गया। घर की आर्थिक स्थिति साधारण थी और खेलों के लिए कोई पारिवारिक पृष्ठभूमि नहीं थी। पिता सोमेश्वरजी के स्थानांतरण के साथ ही परिवार को भी दूसरे स्थान पर जाना पड़ता

और इस प्रकार ध्यानचंद छठी कक्षा के आगे नहीं पढ़ सके।

साधारण शिक्षा पाने के बाद ध्यानचंद सन् 1922 में सोलह वर्ष की उम्र में एक सिपाही के रूप में भरती हो गए। जब वे 'फर्स्ट ब्राह्मण रेजीमेंट' का हिस्सा बने, तब तक उनके मन में हॉकी के प्रति कोई विशेष रुचि न थी। उन दिनों सेना में हॉकी व फुटबॉल जैसे खेलों का बहुत चलन था। अंग्रेज व भारतीय खिलाड़ी बड़े अभ्यास के बाद खेलते और मैचों में मिली जीत प्रतिष्ठा का प्रश्न हुआ करती थी।

ध्यानचंद के लिए यह सब नया था। हालाँकि हम उन्हें 'ध्यानचंद' कहकर पुकारते हैं, परंतु वास्तव में उनका नाम ध्यानसिंह था। यह नाम कैसे बदला, इसके पीछे एक रोचक प्रसंग है।

जब उन्होंने सेना में खेले जानेवाले हॉकी के खेल को देखा तो इसके प्रति जिज्ञासा होना स्वाभाविक ही था; परंतु वे इस क्षेत्र में बिलकुल नौसिखिया थे। उन्हें तो सही तरह से हॉकी स्टिक भी पकड़नी नहीं आती थी। भले ही पेड़ों की टहनियों से गेंद को ठोकर लगाते हुए खेला हो, परंतु हॉकी के इस स्तरीय रूप से उनका कोई परिचय नहीं था। ऐसे में उनकी सहायता के लिए सूबेदार बाले तिवारी आगे आए और वही आगे चलकर उनके प्रथम खेल गुरु व कोच भी बने। बाले तिवारी ने उन्हें हॉकी खेलने के लिए प्रेरित व प्रोत्साहित किया और कुछ ही दिनों का अभ्यास देखने के बाद वे जान गए कि यदि ध्यानचंद को उचित प्रशिक्षण व प्रेरणा मिले तो वे हॉकी के खेल को नए आयाम दे सकते हैं। वे हर तरह से इस युवा खिलाड़ी का हौसला बढ़ाने लगे।

ध्यानचंद उन दिनों 'ध्यानसिंह' कहलाते थे। उन्हें जब भी किसी तरह की कोई दिक्कत आती तो बाले तिवारी समाधान के लिए प्रस्तुत रहते। वे अपने इस नवदीक्षित शिष्य को हॉकी के खेल का जो भी गुर देते, वह उसे गुरुमंत्र की भाँति अपने पास सहेज लेता। कहते हैं कि जब ग्रहण करनेवाला पूरे मन से कुछ ग्रहण कर रहा हो तो शिक्षा देनेवाले को भी ऐसा लगता है कि उसका शिक्षा प्रदान करना सार्थक हो गया।

यों तो अन्य जवान भी बाले तिवारी से खेल सीखते थे, परंतु ध्यानसिंह की बात ही कुछ और थी। उन्हें तो जैसे अच्छा और बेहतर खेल सीखने की धुन सवार हो गई थी। कुछ ही दिनों में हॉकी का खेल उन्हें प्राणों से भी प्रिय हो गया था।

जब सारे दिन के कड़े सैनिक अभ्यास के बाद सभी जवान मनोरंजन या विश्राम का बहाना तलाशते तो ध्यानसिंह चंद्रमा की रोशनी में मैदान में अभ्यास करते देखे जा सकते थे। कुछ ही दिनों में दूसरे साथी उन्हें रात को अकेले इस तरह अभ्यास करते देखने के इतने अभ्यस्त हो गए थे कि मैदान से आनेवाली आहट को सुनकर ही वे कह देते, "अरे, ध्यानसिंह हॉकी का अभ्यास कर रहा होगा।"

जब वे भीतर लौटते तो कई साथी व्यंग्य-बाण छोड़ने से भी बाज न आते—"क्यों ध्यानसिंह, अपनी प्रेमिका से मिलकर आ गए?"

कोई दूसरा कहता, "हाँ भई, हॉकी तो इनकी प्रेमिका से भी बढ़कर है। ये उससे मिलने के लिए अपनी थकान की भी परवाह नहीं करते। ये अपनी प्रेमिका को चाहे भूल जाएँ, पर अपनी हॉकी को नहीं छोड़ सकते।"

ध्यानसिंह मुसकराकर रह जाते, परंतु उनकी बातों का बुरा न मानते। यह सादगी उनके स्वभाव का एक अंग थी। किसी से बेबात उलझना, कठोर या गलत भाषा का प्रयोग करना या किसी का दिल दुखाना, यह सब तो उन्होंने सीखा ही नहीं था। साथी खिलाड़ी कहाँ जानते थे कि वे जिसका उपहास कर रहे हैं, एक दिन उसी व्यक्ति के हस्ताक्षर लेने के लिए विदेशी तक लालायित हो उठेंगे।

भले ही ध्यानसिंह अपने में मगन थे, परंतु कोई था, जो उनके प्रत्येक क्रिया-कलाप को बहुत ही ध्यान से परख रहा था। वे थे बाले तिवारी! वे इस खिलाड़ी की अद्‌भुत प्रतिभा व दृढ़ इच्छा-शक्ति को देखकर दंग थे। वे देख रहे थे कि किस तरह ध्यानसिंह अकेले ही मैदान में हॉकी की नई तकनीकों का अभ्यास करते थे। एक दिन वे उनके पास

गए और बोले, ''ध्यानसिंह, तुम बहुत अच्छी हॉकी खेलते हो, पर मेरी एक बात गाँठ बाँध लो। अगर एक संपूर्ण खिलाड़ी बनना चाहते हो तो दूसरों को पास देना भी सीखो। जब हम किसी टीम के साथ खेलते हैं तो हमें दूसरों को भी गोल करने का पूरा अवसर देना चाहिए। खेल हमें आपसी वैर या स्वार्थपरता नहीं, बल्कि सामूहिक भावना की सीख देते हैं।''

''जी सर! मैं हमेशा आपके दिए इस मंत्र को याद रखूँगा।'' ध्यानसिंह बोले।

तिवारीजी ने उनके सिर पर हाथ रखकर आशीर्वाद दिया और बोले, ''जिस तरह तुम चंद्रमा की रोशनी में हॉकी का अभ्यास करते हो, उसी तरह एक दिन हॉकी का चंद्रमा बनकर चमकोगे, क्योंकि मेहनत करनेवालों की कभी हार नहीं होती। मैं तो तुम्हें आज से ध्यानसिंह की बजाय 'ध्यानचंद' कहकर ही पुकारूँगा।''

बस, तभी से वे 'ध्यानचंद' कहलाने लगे। तिवारीजी की भविष्यवाणी सत्य सिद्ध हुई और वे हॉकी जगत् में एक चाँद बनकर सामने आए। ध्यानचंद के अभ्यास में और भी गहनता आ गई।

सेना में होनेवाले हॉकी के खेलों में उनका नाम चमक उठा। अंग्रेज अधिकारी उन्हें पहचानने लगे थे। धीरे-धीरे उनकी हॉकी के चर्चे होने लगे और वे दिल्ली में होनेवाले वार्षिक टूर्नामेंट में खेलने के लिए चुने गए। यह टूर्नामेंट बड़ी ही सरलता से जीता गया। सैन्य अधिकारी इस जीत से प्रसन्न थे और यही मैच था, जिसने हमेशा के लिए ध्यानचंद को सेंटर फॉरवर्ड स्थान के लिए नियुक्त कर दिया।

□

2

पहली विदेश-यात्रा

जीवन में अनेक ऐसे अवसर आते हैं, जब अप्रत्याशित की संभावना के साकार होते ही मनुष्य के पास कुछ कहने के लिए शब्द ही नहीं रहते। वह किंकर्तव्यविमूढ़ हो उठता है। ध्यानचंद के जीवन में भी ऐसे ही कुछ क्षण आए थे। हम आपको उन्हीं के विषय में बताने जा रहे हैं। दरअसल, उन्हें अपने साथी खिलाड़ियों के माध्यम से पता चला कि भारतीय सेना हॉकी टीम को न्यूजीलैंड भेजने पर विचार कर रही है।

यह घटना सन् 1926 की है। उनके साथियों ने कहा, "ध्यानचंद,

तुम तो कितनी अच्छी हॉकी खेलते हो। तुम्हारे लिए एक सुनहरा अवसर है। जाओ, जाकर उनसे बात करो। कौन जाने तुम्हें भी विदेश जाकर खेलने का मौका मिल जाए।'' दूसरे साथी का कहना था कि इस बारे में बात करना भी बेकार था, क्योंकि वे कम पढ़े-लिखे और निचले रैंक के जवान को कभी ऐसा अवसर नहीं देंगे। जितने मुँह उतनी बातें! ध्यानचंद ने सबकी बातें सुनीं और वहाँ से बाहर आकर अपने खेल के अभ्यास में जुट गए।

यह बात पता लगने पर उनके मन में भी इच्छा जाग्रत् हुई कि काश, मैं उस टीम में जा पाऊँ! यद्यपि उन्होंने अपने मन की बात किसी के सामने नहीं रखी। वे उन लोगों में से नहीं थे, जो येन-केन-प्रकारेण अपना काम निकलवा लेना जानते हैं; परंतु उन्हें अपने हुनर पर पूरा विश्वास था। उनका मानना था कि यदि मुझमें प्रतिभा है और मैं विदेश जाकर खेलने की योग्यता रखता हूँ तो मुझे स्वयं ही जाने का अवसर प्राप्त होगा। उनकी इस विचारधारा के पीछे यह विश्वास भी था कि तत्कालीन परिवेश में खेलों के क्षेत्र में किसी प्रकार की राजनीति नहीं चलती थी और प्रतिभा को यथोचित सम्मान मिलता था। व्यक्ति का हौसला बुलंद हो तो राह में कोई बाधा आ ही नहीं सकती। वे अपनी उसी तत्परता व मनोयोग के साथ रेजीमेंटल हॉकी और सेना के अन्य हॉकी मैच खेलते रहे। प्रतिदिन ही समाचार आता कि अमुक व्यक्ति को चुन लिया गया, अमुक व्यक्ति को कोशिश करने पर भी अवसर नहीं दिया जा रहा।

एक दिन अचानक ही कमांडिंग ऑफीसर का संदेश आया कि वे उनसे मिलना चाहते हैं। ध्यानचंद तो सपने में भी अनुमान नहीं लगा सकते थे कि उन्हें क्यों बुलाया गया है। जब वे वहाँ पहुँचे तो उक्त अधिकारी ने कहा, ''जवान! तुम हॉकी खेलने के लिए न्यूजीलैंड जा रहे हो।''

बस, वही वे क्षण थे, जब उनके मुख से कोई शब्द ही नहीं निकला।

उस अभिभूत दशा में वे केवल इतना ही कर सके कि अपने

अधिकारी को सैल्यूट ठोंका और कक्ष से बाहर आ गए। जैसे ही थोड़ा सचेत हुए कि अपनी बैरक की ओर भागे। साथियों के बीच यह समाचार बाँटते समय जैसे उन्हें स्वयं ही विश्वास नहीं हो रहा था कि वे अभी-अभी क्या सुनकर आए हैं! अपने कॅरियर के उस दौर में ऐसा अवसर मिलना बहुत सौभाग्य की बात थी। सभी मित्रों ने अपनी हार्दिक शुभकामनाएँ व्यक्त कीं। उन्होंने अपने प्यारे साथी को कंधों पर बिठाकर खुशी जाहिर की।

इसी बीच तिवारीजी भी वहाँ पहुँच गए। वही जानते थे कि इन क्षणों को अपने जीवन में पाने के लिए ध्यानचंद ने कितना परिश्रम किया था। ध्यानचंद की आँखें नम थीं। मार्गदर्शक तिवारीजी की आँखों में भी अश्रु छलक पड़े। वे देख सकते थे कि प्रसन्नता के अतिरेक में रो रहे ध्यानचंद के उन आँसुओं के बीच आनेवाले अनेक स्वर्णिम अवसरों की ज्योति झिलमिला रही थी।

ध्यानचंद के परिवार में इस सूचना को पाते ही हर्ष की लहर दौड़ गई। पहले पूरे परिवार ने इस समाचार को अविश्वास से सुना; किंतु जब उन्हें उसकी सत्यता के विषय में संदेह न रहा तो उन्होंने इसका आनंद उठाया और अंततः सारी कहानी यथार्थ पर जाकर समाप्त हुई।

अभी तक के सारे मैच भारत के ही विभिन्न भागों में खेले जाते थे, इसलिए कभी कोई परेशानी नहीं हुई; किंतु एक साधारण आर्थिक स्थितिवाले परिवार के लिए विदेश-भ्रमण की तैयारी करना आसान न था। सब जानते थे कि ध्यानचंद को गरम कपड़ों एवं अन्य आवश्यक सामान की आवश्यकता होगी।

यद्यपि ध्यानचंद के लिए यह चिंता का विषय नहीं था। उनके दिमाग में तो निरंतर एक ही बात घूम रही थी—विदेश में हॉकी खेलकर अपने देश का नाम रोशन करना है। गरम कपड़े और सामान वगैरह का अभाव उनके लिए कोई मायने नहीं रखता था। जब व्यक्ति के मन में किसी चीज के लिए जुनून पैदा हो जाता है तो प्रकृति स्वयं ही हर

समस्या का समाधान भी प्रस्तुत कर देती है।

ध्यानचंद के पिता व माँ आपस में दबे स्वर में सामान के प्रबंध की बात कर ही रहे थे कि वे उनसे बोले, "माँ, आपने सदा हमें सीमित साधनों में ही अपना निर्वाह करना सिखाया है। आज आपकी वही सीख मेरे काम आएगी। आप देखना, मैं कितनी सरलता से सारी तैयारी कर लूँगा और किसी तरह की आर्थिक परेशानी भी नहीं होगी।"

ध्यानचंद ने सेना से मिले कपड़े एवं ओवरकोट आदि एकत्र किए और उनकी वही किट साथ जाने के लिए तैयार थी। सबने कहा कि ये कपड़े विदेश की शीत लहर का सामना करने के लिए पर्याप्त नहीं होंगे, परंतु उन्होंने सबकी बात को हँसकर टाल दिया।

उनके लिए यह विदेश यात्रा केवल हॉकी मैच नहीं, अपितु एक सैन्य अभियान था, जहाँ उन्हें शत्रु को पछाड़कर ही आना था। मोरचे पर जानेवाले जवान कभी अपनी सुविधाओं या विलासिता की परवाह नहीं करते। इसी भाव के साथ ध्यानचंद विदेश जाने को तैयार हो गए।

ऐसा पहली बार हो रहा था कि कोई भारतीय हॉकी टीम विदेशी दौरे पर जा रही थी। बीस-पच्चीस दिन की समुद्री यात्रा के बाद वे मई के आरंभ में न्यूजीलैंड जा पहुँचे। प्रत्येक खिलाड़ी ने अपनी यात्रा का भरपूर आनंद लिया।

वे अपने देश का प्रतिनिधित्व कर रहे थे। उनकी टीम जहाँ भी गई, लोगों ने बड़े ही स्नेह से स्वागत-सत्कार किया। खिलाड़ियों को भी इस बात का पूरा भान था कि उन्हें अपने देश का अच्छा प्रभाव छोड़ना है, एक अच्छी छवि बनाकर ही लौटना है। ध्यानचंद ने उन मैचों के दौरान उल्लेखनीय प्रदर्शन किया।

भारतीय हॉकी टीम ने 21 मैच खेले, जिनमें से उन्हें 18 मैचों में विजय प्राप्त हुई। भारतीय खिलाड़ियों ने 192 गोल दागे। ध्यानचंद ने 100 गोल किए और उन्हें एक लोकप्रिय हॉकी खिलाड़ी बनने में देर नहीं लगी। भारतीय टीम को कई समारोहों व दावतों में निमंत्रित किया

गया। वहाँ उनका इस तरह स्वागत किया गया, मानो वे कोई बड़ी हस्ती हों। ध्यानचंद भी उस यात्रा में मिले अनेक व्यक्तियों और उनके स्नेहिल स्वभाव को आजीवन नहीं भूले। वे बाद के वर्षों में भी प्राय: उनके विषय में बातें करते थे।

न्यूजीलैंड यात्रा के संस्मरण लिखते हुए ध्यानचंद कहते हैं कि वहाँ उन्हें न्यूजीलैंड के साथ हुए एक मैच में पराजय का मुँह देखना पड़ा। यह दूसरा मैच था और पहले मैच की जीत के बाद मिली हार का स्वाद बेहद कड़वा था। मैदान की दशा अच्छी नहीं थी, किंतु भारतीय खिलाड़ियों ने इसे अपनी पराजय का कारण न मानते हुए यह स्वीकारा कि दूसरी टीम ने बहुत अच्छा प्रदर्शन किया था। पूरी टीम पर थकान का गहरा असर था और उस शाम की पराजय के बाद वे लोग रात को उनके सम्मान में दिए जा रहे रात्रिभोज में भी नहीं जा सके। ध्यानचंद ने अनुमान लगाया कि संभवत: दूसरे पक्ष ने उनके सामर्थ्य को जान लिया था। उसने उनके खेल की कमजोरियों को ही अपनी ताकत बनाया था। इसी दौरान उनकी भेंट न्यूजीलैंड टीम के कप्तान नॉरमन जैकबसन से हुई। ध्यानचंद उनके खेल तथा व्यक्तित्व से विशेष रूप से प्रभावित हुए। विदेशियों ने भी उनके शानदार खेल प्रदर्शन को पूरा मान दिया और भारतीय हॉकी टीम के खिलाड़ी चारों ओर छा गए।

भारत में भी समाचार-पत्रों के माध्यम से लोगों को अपनी भारतीय हॉकी टीम के सारे समाचार ज्ञात हो रहे थे। वे लोग अपने खिलाड़ियों को मिल रही वाहवाही से बेहद प्रसन्न थे और उनके वापस लौटने की राह देख रहे थे। भारतीय हॉकी टीम के खिलाड़ी दूसरे देशों में ऐसी छाप छोड़कर आए, जो हमेशा-हमेशा के लिए वहाँ के लोगों के हृदयों पर अंकित हो गई। उनमें ध्यानचंदजी का नाम विशेष रूप से उल्लेखनीय था।

करीब पचास वर्ष बाद जब ध्यानचंद के पुत्र अशोक कुमार न्यूजीलैंड गए तो वहाँ के हॉकी क्लबों में उन्हें अपने पिता की तसवीरें देखने को मिलीं, जो सन् 1926 के दौरे के समय उतारी गई थीं।

दरअसल उस दौरे में ध्यानचंदजी ने खेल-प्रेमियों को अपना दीवाना बना लिया था। लोग उनका नाम सुनकर दूर-दराज के इलाकों से हॉकी मैच देखने आते थे। वहाँ के समाचार-पत्रों ने रातोरात ध्यानचंद का नाम लोगों के लिए परिचित बना दिया था।

अशोक कुमारजी को वहाँ एक व्यक्ति मिला। उसने टूटी हुई हॉकी का टुकड़ा दिखाते हुए कहा कि यह ध्यानचंद की टूटी हॉकी का टुकड़ा है। पहले तो अशोक कुछ समझे नहीं, फिर उस व्यक्ति ने विस्तार से बताते हुए कहा कि जब ध्यानचंदजी मैदान में हॉकी से खेल रहे थे तो मैदान में ही उनकी हॉकी टूट गई थी। वे तो उसी समय दूसरी हॉकी लेकर खेलने लगे, किंतु वहाँ उपस्थित खेल-प्रेमियों ने उनकी हॉकी के वे टुकड़े आपस में बाँट लिये थे। वह व्यक्ति उन्हें वही टुकड़ा दिखाकर हॉकी के महान् जादूगर ध्यानचंद के प्रति अपना प्रेम प्रकट कर रहा था। □

3

उज्ज्वल भविष्य की ओर

न्यूजीलैंड दौरे से वापसी के बाद ध्यानचंदजी ने पाया कि उनकी गिनती हॉकी के बेहतरीन खिलाड़ियों में की जाने लगी थी। इस दौरे से उन्हें प्रेरणा प्राप्त हुई और उन्होंने स्वयं से वादा किया कि वे कभी अपनी ओर से खेल के प्रति किसी भी तरह की ढील या लापरवाही नहीं आने देंगे। परिस्थितियाँ चाहे जैसी भी हों, वे खेल का निरंतर अभ्यास जारी रखेंगे।

जब वे अपनी ड्यूटी पर पहुँचे तो सहकर्मियों व उच्च अधिकारियों ने उनका भावभीना स्वागत किया। ध्यानचंदजी भावुक हो उठे। सभी साथियों ने उनके बेहतर एवं उज्ज्वल भविष्य के लिए शुभकामनाएँ दीं और यहीं उन्हें पता चला कि वे 'लांसनायक' बना दिए गए थे।

विदेशी दौरे में मिली आशातीत सफलता और फिर वहाँ से लौटते ही पदोन्नति! ध्यानचंद ने ईश्वर को धन्यवाद दिया और कड़े परिश्रम व लगन के साथ अभ्यास करने के संकल्प को मन-ही-मन दोहराया। भारतीय हॉकी संघ का आरंभ हो चुका था और सभी उसके आनेवाले कल की सुखद कल्पना कर रहे थे।

ध्यानचंद प्रायः अपनी प्रशंसा सुनकर सकुचा जाते। वे उन लोगों

में से नहीं थे, जो दूसरों के बीच आकर्षण का केंद्रबिंदु बने रहने के लिए किसी भी सीमा तक चले जाते हैं। वे फिर से अपने सैनिक जीवन में रम चुके थे। इसके साथ ही हॉकी का अभ्यास भी जारी था। खिलाड़ी चाहे कितना भी महान् क्यों न हो जाए, खेल का निरंतर अभ्यास ही उसे उसके स्थान पर बनाए रखने में सहायक होता है।

सेना में हॉकी के खेल के लिए अवकाश पर गए जवान लौटे तो उनके लिए काम का बोझ भी प्रतीक्षा कर रहा था। उन्हें पहले से कहीं अधिक काम करना पड़ता था, मानो उनसे छूटे हुए काम की पूर्ति कराई जा रही हो।

विदेशी दौरे की लंबी छुट्टियों के कारण घर जाने के लिए भी इतनी जल्दी छुट्टी नहीं मिल सकती थी। इस तरह अपने परिजनों से दूर कड़े परिश्रम के बीच खेल के अभ्यास को ही अपना आत्मीय मानने से ही ध्यानचंद के हृदय को सांत्वना मिलती थी। कई बार वे स्वयं को बहुत अकेला महसूस करते। तब वे हॉकी स्टिक उठाकर मैदान की ओर निकल जाते। उनके साथी अकसर रात के समय मैदान में हॉकी और गेंद के टकराने की आवाजें सुनते। संभवत: ध्यानचंद का यह अभ्यास ही उनके आनेवाले हॉकी कॅरियर को और सुदृढ़ बनाने की नींव रख रहा था।

एक बार फिर से लोगों में चर्चा होने लगी कि शायद हॉकी को ओलंपिक खेलों में शामिल किया जाएगा। सन् 1920 में एंटवेर्प के खेलों में हॉकी को स्थान दिया गया था। उसके बाद जब सन् 1924 में पेरिस में ओलंपिक खेलों का आयोजन हुआ तो हॉकी को उसमें शामिल नहीं किया गया।

अब सन् 1928 के ओलंपिक एम्सटर्डम में होने जा रहे थे। हॉकी की निरंतर हो रही प्रगति ने इस संभावना को बढ़ा दिया था कि हॉकी को भी ओलंपिक में जगह दी जाएगी। भारतीय हॉकी संघ अपनी ओर से पूरा प्रयत्न कर रहा था कि यह संभव हो सके। अंतरराष्ट्रीय ओलंपिक कमेटी को मनाने के भरसक प्रयास किए जा रहे थे।

पहले तो ध्यानचंदजी ने अपने स्वभाववश इस ओर इतना ध्यान नहीं दिया, किंतु जब बातों के सिरे और लोगों की आशाओं के संकेत उनकी ओर होने लगे तो उन्होंने भी गंभीरतापूर्वक सोचना आरंभ किया। उनके मन में कुछ संशय था। सबसे पहला संशय तो यही थी कि क्या उनके जैसे सेना के एक लांसनायक को टीम में जगह दी जाएगी? दूसरा संशय यह था कि क्या उनका परिवार इस दूसरे विदेशी दौरे को प्रोत्साहित करेगा? तीसरा संशय यह था कि क्या वे अपने देश और देशवासियों की अपेक्षाओं पर खरे उतर सकेंगे? इसी तरह वे नाना संशयों से घिरे थे।

यद्यपि हॉकी को ओलंपिक में हिस्सा लेने के लिए अनुमति मिल गई, परंतु यह प्रक्रिया इतनी आसान भी नहीं रही थी, क्योंकि अभी तक आयोजित हॉकी ओलंपिक टूर्नामेंटों में इंग्लैंड की ही जीत हुई थी और ब्रिटेन इस बात के लिए सहमत नहीं था कि उसका उपनिवेश भारत हॉकी में हिस्सा ले। किंतु जब अपीलें बढ़ने लगीं तो उसे भी इस निर्णय पर अपनी मुहर लगानी पड़ी।

केवल अनुमति मिलना ही पर्याप्त नहीं था। अभी तो जैसे काम की शुरुआत भर हुई थी। हॉकी संघ के सामने समस्या थी कि टीम में कैसे लोगों का चयन किया जाए, उनके चयन के लिए कौन सी विधि

अपनाई जाए तथा यह कार्य किस स्थान पर संपन्न हो?

भारतीय हॉकी संघ ने निर्णय लिया कि वे भारतीय खिलाड़ियों के चयन के लिए कलकत्ता में परीक्षण मैच करवाएँगे। जब इतनी बात ध्यानचंदजी को पता चली तो जैसे उनके संदेह स्वयं ही तिरोहित होने लगे। वे इस विषय में आश्वस्त थे कि भले ही भारत के सामाजिक व राजनीतिक जीवन को अंग्रेजों ने बुरी तरह से प्रभावित किया हो, किंतु वे खिलाड़ियों के चयन के मामले में किसी तरह के पक्षपात को प्रोत्साहन नहीं देंगे। उन दिनों भारतीय हॉकी संघ में अधिकतर सैनिक अधिकारी ही शामिल थे। इस तथ्य पर भी सबको पूरा भरोसा था कि लांसनायक ध्यानचंद को परीक्षण मैच खेलने व ओलंपिक में जाने का अवसर अवश्य दिया जाएगा।

कलकत्ता शहर के खेल-प्रेमियों से कौन परिचित नहीं है। यहाँ तक कि ध्यानचंद आनेवाले वर्षों में भी इस शहर के नागरिकों के लिए अपना आभार प्रकट करना नहीं भूलते थे। उस समय भारतीय हॉकी संघ के पास इतना धन नहीं था कि विदेशी दौरा संभव हो पाता। भारतीय हॉकी संघ को पूरा विश्वास था कि कलकत्ता में मैचों को पूरा प्रोत्साहन मिलेगा और वे धन का उचित प्रबंध भी कर पाएँगे।

भारत की प्रथम राष्ट्रीय टीम के चयन के लिए अलग-अलग प्रांतों से खिलाड़ी चुने गए। ध्यानचंद को संयुक्त प्रांत की ओर से खेलने के लिए कहा गया। उन लोगों को पूरा विश्वास था कि इस खिलाड़ी को अपने साथ शामिल करने पर जीत का सेहरा अपने ही सिर बँधेगा और ऐसा ही हुआ भी। टीम ने अपने प्रदेश के लिए 'राष्ट्रीय चैंपियन' का खिताब पाया। पूरा मैदान हर्षोल्लास से गूँज उठा। टीम तीन दिन तक लगातार खेली, परंतु उन लोगों के चेहरे पर शिकन तक नहीं आई थी। विजयश्री ने सबकी थकान हर ली थी।

एक टीम भी चुन ली गई; किंतु विदेशी दौरे के लिए धन की समस्या अभी पूरी तरह से हल नहीं हुई थी। नौबत यहाँ तक आ गई थी

कि संघ के पास केवल ग्यारह खिलाड़ियों को भेजने के लिए आवश्यक धनराशि ही एकत्र हो सकी थी। बाकी दो खिलाड़ियों को नहीं भेजा जा सकता था। इस अवसर पर एक बार फिर बंगाल हॉकी संघ की सहायता काम आई। उसने बाकी दो खिलाड़ियों के भेजने की व्यवस्था कर दी। इस प्रकार राह की बाधाएँ हटती जा रही थीं।

ध्यानचंद की टीम की जीत की खबर पाकर परिवार में खुशी की लहर दौड़ गई। इसके साथ ही उन्होंने यह भी समाचार सुनाया कि वे विदेश जानेवाली टीम के लिए चुन लिये गए हैं। एक साधारण मध्यम वर्गीय परिवार में विदेश-गमन का समाचार किसी उत्सव से कम नहीं होता। खुशी के आँसुओं और मुसकानों के बीच सभी द्रवित हो उठते हैं। ध्यानचंद के घर में भी ऐसा ही कुछ माहौल था।

यद्यपि इस बार भी विदेश-यात्रा के लिए आवश्यक सामान जुटाने की समस्या ज्यों-की-त्यों थी, परंतु परिवारजन को अपने सपूत पर पूरा भरोसा था। वे जानते थे कि ध्यानचंद भारतीय हॉकी का नाम विदेशों में ऊँचा करने के लिए अपनी ओर से कोई कोर-कसर नहीं छोड़ेगा।

□

4

एम्सटर्डम ओलंपिक : एक नया इतिहास

एम्सटर्डम ओलंपिक में पहली भारतीय हॉकी टीम को भेजते समय किसी ने कल्पना तक नहीं की थी कि यह टीम विश्व हॉकी खेल के इतिहास में एक स्वर्णिम अध्याय जोड़ने जा रही है। एक नया इतिहास रचने की तैयारी पूरी हो चली है।

ध्यानचंदजी के परिवार में उल्लास का वातावरण था। इस दौरान उनके छोटे भाई रूपसिंह ने भी मन-ही-मन उन्हें अपना आदर्श मान लिया था। वह भी स्वप्न देखने लगा था कि एक दिन अपने बड़े भाई के साथ हॉकी खेलने विदेश अवश्य जाएगा।

ध्यानचंद अपनी टीम के साथ 10 मार्च, 1928 को 'कैसर-ए-हिंद' नामक जलयान पर सवार हुए। उनकी टीम में एलन, रॉक, हेमंड, गुडसिर, कुलेन, खेरसिंह, पिन्नीगर, गेटले, फिरोज खान, के.आर.ए. नौटिस, मार्थिवंस, सीमैन तथा शौकत अली शामिल थे।

भारतीय टीम को अपनी शुभकामनाएँ देने के लिए केवल तीन सज्जन ही वहाँ आए थे। भारतीय हॉकी संघ के अध्यक्ष बर्न मर्डोक, सी.एस. भट्टाचार्य तथा सी.ई. न्यूहैम।

मेजर मर्डोक के अथक प्रयासों के द्वारा ही हॉकी टीम को ओलंपिक

में जाने का अवसर मिला था। केवल उन तीन व्यक्तियों ने श्रीमान रोजर के संरक्षण में जा रही टीम को जीतकर लौटने के लिए प्रोत्साहित किया। भले ही कोई और न आया हो, परंतु खिलाड़ियों के हौसले बुलंद थे।

सभी खिलाड़ियों ने मार्ग में आनेवाले सभी प्रमुख स्थलों को देखने का आनंद लिया। शीत लहर चलने लगी और ध्यानचंद के अनेक साथी समुद्री यात्रा के कारण बीमार पड़ गए। प्राय: लंबे व खराब समुद्री सफर के दौरान मन को हताशा घेर लेती है। उनके कुछ साथियों ने कुछ ऐसा ही महसूस किया; किंतु सभी एक-दूसरे के साथ थे। भारत के अलग-अलग हिस्सों से गए वे खिलाड़ी मानो एक ही परिवार के सदस्य बन गए थे।

वे 30 मार्च, 1928 को तिलवरी बंदरगाह पर पहुँचे। वह सुबह कुहरे और शीत लहर से भरपूर थी। बंबई की तरह लंदन में भी टीम के स्वागत के लिए कोई न था। वे लोग अपने आप को यथासंभव गरम कपड़ों में लपेटकर जहाज से उतरे। उनमें से कइयों ने तो अपने कंबल को ही लपेट लिया था। उनके लिए लंदन की सर्दी कुछ कम न थी।

कुछ अधिकारियों से औपचारिक परिचय के बाद टीम आगे बढ़ी, परंतु वहाँ प्रेस की ओर से कोई नहीं आया था। एक अधिकारी ने ध्यानचंद से हाथ मिलाते हुए कहा, "आपका स्वागत है। हमने आपके खेल के बारे में काफी कुछ सुन रखा है।"

वे अपनी इस प्रशंसा का क्या प्रत्युत्तर देते, इसलिए छोटी सी मुसकान देकर सकुचा गए।

दूसरे अधिकारी ने कहा, "आप लोग यहाँ ग्यारह मैच खेलेंगे। इस तरह आप लोगों को यूरोपियन हॉकी को जानने व समझने का अवसर मिलेगा। आपको यहाँ के हॉकी मैदानों की दशा का अनुमान हो जाएगा।"

पहले अधिकारी ने मुसकराते हुए कहा, "सबसे बड़ी बात तो यह होगी कि आप इन खेलों के दौरान एक-दूसरे को अच्छी तरह समझ सकेंगे, जिससे टीम को मजबूती मिलेगी।"

बेशक वे बिलकुल उचित कह रहे थे। खेल भले ही प्रतिस्पर्धी भाव से खेले जाते हैं, किंतु वे संबंधों को परस्पर सौहार्द व घनिष्ठ बनाने में अहम भूमिका निभाते हैं।

सभी खिलाड़ी पहली बार इंग्लैंड गए थे, इसलिए सबका उत्साह देखते ही बनता था। वे लोग विदेश के सभी पर्यटन स्थलों एवं उन स्थानों को विशेष रूप से देखना चाहते थे, जिनके विषय में उन लोगों ने केवल किताबों में ही पढ़ा था। जो स्थान केवल चित्रों में देखे हों, उन्हें अपनी आँखों के आगे सजीव रूप में देखने का रोमांच ही निराला होता है।

ध्यानचंद को वेस्ट एंड और भूमिगत रेल तंत्र बहुत पसंद आए। वह टीम लंबी समुद्री यात्रा से आई थी, इसलिए उन लोगों को मैदान में अभ्यास का अवसर नहीं मिल सका था। इंग्लैंड में कई अभ्यास मैच होने थे।

उन्हीं में से एक मैच के दौरान भारतीय टीम को ऐसा सबक

मिला, जो स्वयं ध्यानचंदजी के शब्दों में अनूठा था—एक बार जब वे सभी मैच के लिए स्टेडियम पहुँचे तो वे मैदान में अपनी हॉकी किट लाने के लिए किसी माली या ब्वॉय को पुकारने लगे। उन लोगों को पुकारने पर भी कोई नहीं आया तो उन्हें सामने से एक दूसरी टीम आती दिखाई दी। उन लोगों ने अपने-अपने हाथों में अपनी किट उठा रखी थी। वे बड़े ही सहज भाव से अपना सामान लिये चले जा रहे थे, जिसे देखकर साफ पता चलता था कि उन्हें अपनी किट उठाने के लिए किसी तरह की सहायता की आवश्यकता नहीं थी। भारतीय खिलाड़ियों को भी यह बात समझ आ गई कि भले ही खिलाड़ी छोटा हो या बड़ा, युवा हो या अनुभवी, प्रत्येक व्यक्ति अपनी खेलने की किट स्वयं उठाता है। वह एक ऐसा सबक था, जिसे वे लोग कभी नहीं भूले।

इस बार खिलाड़ियों की आँखों में बड़े रंगीन सपने थे; पर वे यह भी जानते थे कि सपने सच करने के लिए कड़ी मेहनत, लगन और विश्वास की आवश्यकता होती है। अभ्यास मैचों में उन्होंने अपने हुनर को माँजने का भरसक प्रयत्न किया। इस दौरान ब्रिटिश प्रेस ने भारतीय टीम पर कोई खास ध्यान नहीं दिया। उन लोगों ने जो मैच खेले, उनमें लोगों की उपस्थिति बहुत अधिक नहीं थी। इंग्लैंड के सर्वोत्तम हॉकी महोत्सव 'फोकस्टोन' में भी भाग लेने का अवसर मिला। वह महोत्सव 31 मार्च से 21 अप्रैल तक मनाया गया। उसमें आनेवाले दर्शकों की संख्या भी अधिक थी। उस मैच में मेजबानों ने अपनी सबसे सशक्त टीम ब्रिटेन की राष्ट्रीय टीम को मैदान में उतारा। उसमें नौ अंतरराष्ट्रीय खिलाड़ी भी सम्मिलित थे। हजारों दर्शक अपनी टीम का उत्साह बढ़ाने के लिए आ पहुँचे थे।

जब उन्होंने देखा कि किस तरह भारतीय हॉकी टीम के खिलाड़ी ध्यानचंद उनके खिलाड़ियों को नाकों चने चबवा रहे थे तो वे हतप्रभ रह गए। उस समय तक ब्रिटिश ही हॉकी चैंपियन माने जाते थे, परंतु आज भारतीय टीम ने उन्हें उनका वास्तविक स्थान दिखा दिया था। उनके

उच्च अधिकारी बहुत ही शर्मिंदा व मायूस थे और उन्हें लगने लगा था कि उनकी टीम को ओलंपिक खेलने के लिए जाना ही नहीं चाहिए। अंग्रेज खिलाड़ियों के चेहरे शर्म से नीचे झुके हुए थे और हमारे भारतीय खिलाड़ियों ने उन आलोचकों के मुँह भी बंद कर दिए थे, जो अपनी टीम को विदेशों में भेजने के पक्ष में ही नहीं थे। उन्हें लगता था कि हमारे हॉकी खिलाड़ियों में इतना दम नहीं कि वे विदेशों में जाकर अपनी प्रतिभा का लोहा मनवा सकें।

□

5

1928—स्वर्णिम कीर्ति

ध्यानचंदजी ने अपनी प्रतिभा के बल पर अंग्रेजों को दिखा दिया था कि भले ही उन्होंने भारतीयों को अपना गुलाम बना रखा हो, परंतु हॉकी के खेल में भारतीय उनसे कहीं आगे हैं और उनके इस स्वाभिमान को डिगाने की ताकत किसी में नहीं थी।

भारतीय टीम 14 अप्रैल, 1928 को एम्सटर्डम पहुँची।

डच निवासियों ने मैत्रीपूर्ण रवैया अपनाया। ध्यानचंदजी के लिए जीवन में यह घटना बहुत ही महत्त्व रखती थी। उन्होंने स्वयं को हर

तरह की गतिविधि से दूर कर लिया, ताकि आगामी खेलों के लिए अपनी एकाग्रता की शक्ति को बढ़ा सकें। टीम ने पहले तीन दिन होटल में विश्राम किया।

इस बार ओलंपिक में नौ देश भाग ले रहे थे—भारत, जर्मनी, हॉलैंड, बेल्जियम, ऑस्ट्रेलिया, डेनमार्क, फ्रांस, स्विट्जरलैंड व स्पेन। उन्हें दो पूलों में विभाजित किया गया था और विजेता पूल को स्वर्ण पदक दिया जाना था।

उन ओलंपिक खेलों में पहली बार महिला खिलाड़ियों ने भी ट्रैक व फील्ड प्रतिस्पर्धाओं में हिस्सा लिया। उन खेलों के लिए एक नया तथा विशाल स्टेडियम तैयार किया गया था, जिसमें लगभग 40 हजार दर्शकों के बैठने का प्रबंध था। उन्होंने 3 हजार खिलाड़ियों का भावभीना स्वागत किया।

फोकस्टोन महोत्सव की पराजय इंग्लैंड के लिए किसी करारे झटके से कम नहीं थी। उस दिन उनके उच्च अधिकारियों ने अपने खिलाड़ियों को मुँह झुकाए मैदान से बाहर जाते देखकर जो निर्णय लिया था, वे अंत तक उसी पर कायम रहे। उन ओलंपिक खेलों में इंग्लैंड ने अपनी टीम ही नहीं उतारी। संभवतः वे इतने बड़े स्तर पर भारतीयों के हाथों पराजय का दंश सह न पाते।

ओलंपिक का स्वर्ण पदक पाने की अदम्य इच्छा के साथ मैदान में उतरे भारतीय खिलाड़ियों को 17 मई को अपना जौहर दिखाने का अवसर मिला। उन्हें उस दिन ऑस्ट्रेलिया के विरुद्ध खेलना था। मौसम बड़ा ही सुहावना था। भारतीय खिलाड़ी पूरी तरह से अपने रंग में थे। उनके लिए यह खेल कोई बहुत कठिन नहीं रहा। विपक्षी टीम को 6 गोलों से पराजित कर दिया गया, जिसमें से 4 गोल तो ध्यानचंद ने ही किए थे, बाकी दो गोल गेटले तथा शौकत अली के हाथों किए गए। हजारों मील की लंबी यात्रा के बाद भारतीय खिलाड़ी जो दिखाने गए थे, वह प्रतिभा दिखाने का सही वक्त आ गया था।

18 मई को होनेवाला अगला मैच बेल्जियम के साथ था। उस मैच में भारतीय टीम ने कुछ बदलाव किए और बेल्जियम को 9 गोलों से हरा दिया। अब तक स्टेडियम में आनेवाले दर्शक भारतीय खिलाड़ियों की फुरती व खेल प्रतिभा का लोहा मान चुके थे। पहले ही मैच में भारतीय टीम ने विपक्षी टीम को 6 गोलों से हराया, जिसमें से 4 गोल ध्यानचंद ने किए थे। सबका ध्यान उनकी ओर जाना स्वाभाविक ही था। कहते हैं कि सूर्य के प्रखर आलोक को कोई छिपा नहीं सकता। स्वयं सूर्य भी चाहे तो भी उसका आलोक महिमामंडित हुए बिना नहीं रहता है।

पूरे स्टेडियम में चारों ओर उनका ही नाम गूँज रहा था। हॉकी-प्रेमी एक ऐसे खिलाड़ी को अपने सामने खेलता देखकर धन्य हो गए, जिसके लिए यह खेल केवल एक खेल नहीं अपितु जीवनपर्यंत चलनेवाली एक साधना थी, एक पूजा थी, एक अनुष्ठान था, जिसको उन्होंने अपना सारा जीवन अर्पित कर दिया था।

भारतीय टीम ने 20 मई को डेनमार्क के साथ अपना मैच खेला। डेनिश गोलकीपर ने अपनी हर तिकड़म लगाते हुए ध्यानचंद को गोल करने से रोका; परंतु उस आँधी को रोक पाना उसके वश में भी कहाँ था! भारत ने डेनमार्क को शून्य के मुकाबले 5 गोल से पराजित किया।

लगातार हुए इन तीन मैचों में भारत के विरुद्ध कोई गोल नहीं कर सका। 22 मई को सेमीफाइनल हुआ, जो कि स्विट्जरलैंड के खिलाफ खेला गया। भारत ने दूसरी टीम को शून्य के मुकाबले 6 गोल से पराजित किया। सभी दर्शक भारतीय खिलाड़ियों की इस प्रतिभा को देखकर दंग थे। भारतीय खिलाड़ी पूरे दमखम के साथ फाइनल मैच तक आ पहुँचे थे।

सबको इस बात की हैरानी थी कि कोई भी दूसरी हॉकी टीम उनके खिलाफ अभी तक एक गोल भी नहीं दाग सकी थी। सेमीफाइनल में स्विट्जरलैंड को धूल चटाने के बाद भारत को फाइनल में हॉलैंड से

दो-दो हाथ करने थे। दर्शक दीर्घा से बाहर निकल रहे लोगों के बीच कुछ ऐसा वार्त्तालाप हो रहा था—

"आपको क्या लगता है, इस बार फाइनल में कौन सी टीम जीतेगी?" एक युवक ने पूछा।

दूसरे ने हाथ मिलाते हुए कहा, "इतना सब देख लेने के बाद भी आप अनुमान नहीं लगा पा रहे। यहाँ भारत के सिवा किस देश में इतना दम दिखाई दे रहा है, जो ओलंपिक का स्वर्ण पदक ले जा सके।"

"हाँ, यह तो आपने सही कहा। उनके गोली रिचर्ड एलिन हों या फिर सेंटर फॉरवर्ड ध्यानचंद, इन दोनों से पार पाना किसी के वश की बात नहीं है।"

"बिलकुल सही कहा आपने। ध्यानचंद को तो हॉकी का जादूगर कहना चाहिए। ऐसा लगता है कि हॉकी उनके इशारों पर नाचती है।" एक और संभ्रांत महिला ने अपनी राय दी।

इधर लोग अपने-अपने कमरों में बैठे अपने अनुमान लगा रहे थे और सबकी बातों का सार यही निकल रहा था कि भारत और हॉलैंड के फाइनल मुकाबले में बेशक भारत ही बाजी मारेगा।

उधर भारतीय खेमे में हालात ही कुछ और थे। कई बार परिस्थितियाँ व्यक्ति के उत्साह व उमंग पर पानी फेर देती हैं। अब तक भारतीय खिलाड़ी बहुत अच्छी फॉर्म में रहे और अपना सिक्का जमाया, पर फाइनल तक आते-आते हालात कुछ बदल-से गए थे।

कुछ वर्ष बाद ध्यानचंद ने स्वयं ही मैच से एक दिन पहले की अपनी मनोदशा का वर्णन किया था। उन्होंने बताया कि भारतीय हॉकी इतिहास की यह स्वर्णिम कीर्ति इतनी सरलता से उन लोगों के हाथ नहीं आई थी। इससे पहले खेले गए पाँचों मैच अद्‌भुत रहे। विदेशियों ने खुले दिल से स्वीकारा कि भारतीय हॉकी टीम सब पर भारी रही थी। स्वयं ध्यानचंदजी को भी भूरि-भूरि प्रशंसा प्राप्त हुई।

"परंतु अभी विश्व चैंपियन बनने से पूर्व कुछ और बाधाएँ पार

करना शेष था। उस मैच के लिए जयपाल सिंह उपलब्ध नहीं थे। टीम के कई सशक्त खिलाड़ी बीमारी की चपेट में थे। फिरोज खान, शौकत अली तथा खेरसिंह बीमार होने के कारण खेलने में अक्षम थे। इतना ही नहीं, स्वयं ध्यानचंद भी बीमार थे। उन्हें बहुत तेज बुखार हो आया था। टीम मैनेजर अच्छी तरह देख सकते थे कि उस दिन टीम के पास धुरंधर खिलाड़ी नहीं थे, पर खेलना तो था ही।

उन्होंने ध्यानचंद से कहा, "ध्यानचंद, मैं जानता हूँ कि तुम्हें कल से तेज बुखार है। जान है तो जहान है। यदि तुम चाहो तो कल का मैच मत खेलो। हमें पहले अपने स्वास्थ्य की रक्षा करनी चाहिए। इस बुखार व दुर्बलता के साथ तुम अपना श्रेष्ठ प्रदर्शन नहीं कर सकोगे।"

ध्यानचंद ने कहा, "सर, मैं एक सिपाही हूँ और एक जवान का सबसे पहला कर्तव्य होता है कि वह अपने देश की मान-मर्यादा की रक्षा करे। आज भले ही हम युद्ध के मैदान में नहीं हैं, परंतु मेरे देश की प्रतिष्ठा दाँव पर लगी है। हमें खेल के मैदान में भारत का वर्चस्व स्थापित करना है। मेरे पास तो इसके सिवा कोई विकल्प है ही नहीं कि मैं खेलने के लिए मैदान में उतरूँ। आज चाहे जीत हो या हार, मैं शारीरिक दुर्बलता के बावजूद अपना श्रेष्ठ प्रदर्शन करूँगा। अपने देश का नाम विदेशों में उज्ज्वल करने के ऐसे सुनहरे अवसर जीवन में बार-बार नहीं मिलने वाले।"

ध्यानचंदजी के चेहरे की दृढ़ता व शब्दों ने टीम मैनेजर को भी उत्साहित कर दिया। वे बोले, "तो ठीक है जवानो! हॉकी के मैदान में उतरो। आज के लिए तुम्हारा नारा है—करो या मरो!"

ध्यानचंद मैदान में आते ही भूल गए कि उन्हें बुखार है और आज टीम के श्रेष्ठ खिलाड़ियों में से सभी उनके साथ नहीं हैं। उन्होंने किसी भी तरह की नकारात्मकता या दुर्बलता को अपने मन पर हावी नहीं होने दिया। कहते हैं कि मन के हारे हार है, मन के जीते जीत।

आज उन्हें अपने मन को जिताना था। पंख भले ही झुलस गए थे,

पर उनके हौसलों को उड़ान भरनी थी। उस दिन स्टेडियम में करीब 50 हजार दर्शक उपस्थित थे। भारत ने उच्च स्तरीय खेल का प्रदर्शन किया। खिलाड़ियों की फुरती, टीम वर्क व पूरे सामंजस्य के साथ तकनीकें लागू करने की समझ देखते ही बन रही थी। भारत ने हॉलैंड को 3-0 से हरा दिया। उसमें से 2 गोल ध्यानचंद ने किए थे।

26 मई, 1928 को पूरे विश्व ने हॉकी के मामले में भारत को सिरमौर माना। भारतीय हॉकी टीम विश्व चैंपियन बनी। इस ओलंपिक में गोलरक्षक एलन भी कीर्तिमान स्थापित करने में सफल रहे। उन्होंने अपने विरुद्ध खेले गए पाँच मैचों में से एक में भी गोल नहीं होने दिया।

ओलंपिक खेलों में भारतीय खिलाड़ियों द्वारा बने वे कीर्तिमान भारत के लिए किसी कीर्तिगाथा से कम नहीं थे। समाचार-पत्रों ने भारतीय टीम की हॉकी कलाकारी की प्रशंसा में पन्ने रँग दिए। विदेशी खिलाड़ियों ने भारतीय हॉकी टीम के अनेक गुणों को सराहा और सार्वजनिक रूप से यह भी स्वीकारा कि हॉकी के क्षेत्र में भारत अतुलनीय है।

एक पत्रकार ने भारत की इस विजय का वर्णन करते हुए लिखा—'यह कोई हॉकी का खेल नहीं, यह तो जैसे एक जादू था। दरसअल ध्यानचंद हॉकी के जादूगर हैं।'

दूसरे समाचार-पत्र ने लिखा—'दरअसल यह बात इतना महत्त्व नहीं रखती कि ध्यानचंद ने कितने गोल किए। यह बात अधिक मायने रखती है कि उन्होंने वे गोल किए किस तरह?'

29 मई को भारतीय टीम ने ओलंपिक में स्वर्ण-पदक प्राप्त कर अपने देश का नाम रोशन कर दिया।

टीम रोजर ने एम्सटर्डम भ्रमण से वापसी पर हॉकी संघ के लिए एक रिपोर्ट तैयार की, जिसके अंत में उन्होंने लिखा—"भारतीय टीम का प्रदर्शन वाकई लाजवाब रहा। उन्होंने साबित कर दिया कि यदि कुछ विशेष गुणों को शामिल कर लिया जाए तो हॉकी के खेल को भी महान् बनाया जा सकता है; जैसे—फुरती, तेज गति, तेज नजर, टीम वर्क व

कुशल स्टिक वर्क तथा विपक्षी दल की रक्षण-पंक्ति को नष्ट करने के लिए तीव्र आक्रमण। एक फर्स्ट क्लास हॉकी जिस तरह खेली जानी चाहिए, भारतीय प्रदर्शन उसी का शानदार नमूना था…।''

भारतीय खिलाड़ी तो इसी बात से अभिभूत थे कि अंततः अपने देश भारत का नाम रोशन करने के लिए अपनी ओर से कुछ कर सके। स्वयं ध्यानचंदजी के शब्दों में—''इस खेल के बाद हॉलैंड में जो खातिरदारी हुई, उसके बारे में मैं बता नहीं सकता। हम लोग तो जैसे उन लोगों के लिए हीरो बन गए थे। हमारे सम्मान में अनेक भोज दिए गए। अनेक गण्यमान्य व्यक्तियों से मिलने का सौभाग्य हमें प्राप्त हुआ।

''इसके विपरीत, जब हम भारत लौटते हुए इंग्लैंड से होकर निकले तो उन्होंने हमारी तरफ कोई खास ध्यान नहीं दिया। लंदन में रहनेवाले प्रवासी भारतीयों ने हमारे सम्मान में एक भोज का आयोजन किया। हमने लंदन में कुछ दिन व्यतीत किए और अपने देश वापस लौट आए।''

जब भारतीय टीम वापसी के लिए रवाना हुई तो वे लोग नहीं जानते थे कि भारत किस तरह व्यग्रता से बाँहें फैलाए अपने सपूतों के लौटने की प्रतीक्षा कर रहा था। सभी खिलाड़ियों के मन में यही बात थी कि जब वे गए थे तो केवल तीन अधिकारी उन्हें विदा करने आए थे। अब, जब वे लौट रहे थे तो केवल वही लोग भारतीय बंदरगाह पर स्वागत करने के लिए होंगे। किसी दूसरे व्यक्ति को इससे क्या फर्क पड़ेगा कि भारतीय हॉकी टीम ओलंपिक में स्वर्ण-पदक लेकर लौटी है।

परंतु यहाँ भारतीय हॉकी खिलाड़ियों का अनुमान गलत निकला। भारत पहुँचने पर उन लोगों का भावभीना स्वागत हुआ, मानो बंबई अपनी पहली भूल का सुधार करना चाहती हो। ओलंपिक विजेताओं का जैसा स्वागत होना चाहिए, उन लोगों के अभिनंदन के लिए भी वैसे ही प्रबंध किए गए थे। बंबई स्टेशन पर चारों ओर लोग-ही-लोग दिख रहे थे। बंबई के मेयर डॉ. जी.वी. देशमुख उनका नागरिक अभिनंदन करने आए थे। वहाँ दो अन्य राजनेताओं ने अपने खिलाड़ियों का स्वागत

किया। बंबई के महापौर स्वयं नहीं आ सके, इसलिए उन्होंने अपने प्रतिनिधि के हाथों बधाई संदेश भिजवाया। भारतीय खिलाड़ी भावुक हो उठे। उन्हें लगने लगा था कि विदेशों में जिस तरह वे अपने देश की शान बनाए रखने के लिए संकल्पबद्ध थे, आज उनका प्यारा देश भी उसी उमंग से उन्हें दुलार रहा था।

पूरा बंबई शहर उस जाँबाज टीम को देखना चाहता था, जो सुदूर विदेशों में भारतीय हॉकी का झंडा गाड़कर आई थी। दावतों व स्वागत समारोहों की बाढ़-सी आ गई थी और ध्यानचंदजी आकर्षण के केंद्रबिंदु थे।

एक दावत के दौरान एक व्यक्ति ने उनसे कहा, "ध्यानचंदजी, कल ही मेरे भाई ने एक डच समाचार-पत्र की कतरन भेजी है। उसमें लिखा है कि आपकी हॉकी स्टिक किसी जादू की छड़ी की तरह काम करती है। उसकी मदद से आप बॉल को किसी भी दिशा में आसानी से ले जा सकते हैं।"

ध्यानचंद हँसने लगे और इसी बातचीत के दौरान उन्होंने अतिथि दंपती को बताया कि उनकी हॉकी स्टिक को लेकर तो लोगों में अकसर बवाल मचा रहता था। वे लोग उसे छूकर या किसी तरह से तोड़कर देखना चाहते थे कि उसमें कहीं गोंद तो नहीं लगी या कोई विशेष चुंबक तो नहीं लगाई, जो गेंद को अपने से अलग ही नहीं होने देती। उस समय तो सबने इस बात को हँसी में उड़ा दिया, परंतु आनेवाले वर्षों में भी ध्यानचंदजी के विषय में इस तरह की बातें उड़ती रहीं। दरअसल उनके अविश्वसनीय खेल प्रदर्शन को देखकर यह लगता ही नहीं था कि एक सामान्य व्यक्ति हॉकी खेल रहा है। कहते हैं कि एक बार किसी अंग्रेज उच्च अधिकारी की पत्नी ने उन्हें हॉकी के बदले अपनी बंद छतरी से खेलकर दिखाने को कहा था और उन्होंने उसे भी संभव कर दिखाया था।

ध्यानचंद ने एक और घटना का हवाला देते हुए बताया था कि वे

मध्यांतर के दौरान विपक्षी दल के किसी खिलाड़ी से बातचीत में मग्न थे तो उसकी पत्नी ने उन दोनों को बताए बिना ही उनकी हॉकी स्टिक आपस में बदल दी। हमेशा की तरह ध्यानचंद गोल पर गोल करते चले गए। हालाँकि वे स्टिक को हाथ में लेते ही इतना तो जान गए थे कि उसे बदला गया है, परंतु उस परिवर्तन से उनके खेल पर कोई अंतर नहीं पड़ा था।

उन दावतों में लोग उनके ऑटोग्राफ लेने के लिए भीड़ लगा लेते। ध्यानचंद इतनी प्रसिद्धि पाने के बाद भी नहीं बदले। वे अब भी एक शरमीले युवक थे, जिसे अपनी हॉकी के सिवा किसी और चीज की चाह नहीं थी। भारतीय टीम ने बंबई से जाने से पहले पश्चिमी भारतीय हॉकी संघ के साथ एक मैत्रीपूर्ण मैच खेला और उन्हें पराजित किया। भारत में हॉकी का फैशन जोरों से चल पड़ा था और इसके लिए भारतीय हॉकी टीम का योगदान भुलाया नहीं जा सकता था।

ओलंपिक खेलों की धूम समाप्त होते ही सभी खिलाड़ी अपने-अपने ठिकानों को लौट गए। ध्यानचंद भी पंजाब रेजीमेंट की अपनी बैरक में वापस आ गए। सेना में उनके साथी जवानों ने दिल खोलकर अपने हीरो का स्वागत किया। समय पाते ही सब उन्हें घेरकर बैठ जाते, ताकि वे उन्हें विदेश-यात्रा के किस्से सुना सकें, अपनी हॉकी के खेल से जुड़े रोमांचक प्रसंग बता सकें; किंतु ध्यानचंद बहुत ही संकोची प्रवृत्ति के थे। इतना मान-सम्मान पाने पर भी उनमें लेश मात्र भी घमंड नहीं आया था। जहाँ सभी एक श्रेष्ठ खिलाड़ी के रूप में उनकी प्रशंसा करते, वहीं वे सकुचाकर पीछे हट जाते। संभवत: विनयी व्यक्ति की यही पहचान होती है। वह सदा अपनी प्रशंसा होने पर और भी विनम्र हो जाता है। फलों से लदे वृक्ष सदा धरती की ओर ही झुकते हैं।

ध्यानचंद काउंटर फॉरवर्ड पोजीशन के लिए विख्यात हो गए थे। लोग जब उनसे जुड़े किस्से सुनते तो रोमांचित हो उठते। ध्यानचंद पंजाब हॉकी टूर्नामेंट के साथ लंबे अरसे तक जुड़े रहे। उनकी प्रतिभा के

आगे अच्छे-अच्छे खिलाड़ी घुटने टेक देते और प्राय: खेल के दौरान उन्हें ही घेरने की योजनाएँ बनाई जातीं। कहते हैं कि एक बार वे रावलपिंडी में खेल रहे थे। विपक्षी दल के सेंटर हाफ ने अपना आपा खो दिया और उनकी नाक पर वार कर दिया।

खेल उसी समय रोक दिया गया। ध्यानचंद की प्राथमिक चिकित्सा की गई। जब वे मैदान में वापस आए तो उनकी नाक पर बैंडेज लगी थी। वे उस व्यक्ति के पास गए और कहा, "सावधानी से खेलो, ताकि किसी को चोट न लगे।" उस दिन उन्होंने 6 गोल किए। उन्होंने अपने रोष को उस खिलाड़ी पर निकालने की बजाय अपने खेल-प्रदर्शन से यह साबित कर दिया कि किसी भी तरह का दबाव उन्हें उनके खेल में अपना जौहर दिखाने से रोक नहीं सकता था।

इसी दौरान जब ध्यानचंद अवकाश में अपने घर गए तो उन्हें पता चला कि उनके भाई रूपसिंह भी हॉकी में रुचि लेने लगे हैं। वे भी अपने भाई ध्यानचंद के नक्शे-कदम पर चलते हुए एक महान् हॉकी खिलाड़ी बनना चाहते थे।

ध्यानचंद तो अनेक खिलाड़ियों के प्रेरणा-स्रोत बन चुके थे, तब ऐसे में उनका अपना छोटा भाई भला इस प्रभाव से कैसे अछूता रह सकता था। यद्यपि ध्यानचंदजी को अपने भाई को कभी हॉकी के गुर सिखाने का समय नहीं मिला, परंतु वे प्यार से उनकी कमियों को अवश्य ही बताते। किसी भी खिलाड़ी को अपने खेल कॅरियर में आगे बढ़ने के लिए वाहवाही से अधिक किसी ऐसे आलोचक की आवश्यकता होती है, जो उसे उसकी भूलों से अवगत कराता रहे, ताकि वह उनमें सुधार करता रहे और अपने अभ्यास को और भी निखारता रहे।

ध्यानचंदजी का परिवार झाँसी में रहता था। उन्होंने वहीं 'झाँसी हीरोज हॉकी क्लब' की स्थापना की थी। जब भी वे अपने घर लौटते तो उस मैदान में लड़कों के साथ हॉकी खेलते। रूपसिंह ने भी खेल की शुरुआत वहीं से की।

उनके नेतृत्व में उनकी टीम ने कई खिताब जीते। दिसंबर 1931 में उनकी टीम ने मानावदर राज्य के खिलाफ जीत हासिल की। तब कुरवई के नवाब साहब ने उन्हें 'खिल्लत' देते हुए कहा कि उनके जैसे बड़े खिलाड़ी के आगे तो यह सम्मान बहुत ही छोटा था।

□

6

1932—लॉस एंजेल्स

सन् 1932 में लॉस एंजेल्स में ओलंपिक होने जा रहे थे। हॉकी खिलाड़ियों के मन में असीम उत्साह था, परंतु हॉकी संघ दुविधा में था। उनकी समस्या आज भी वही थी, जो चार वर्ष पहले रही थी। उनके पास अपने खिलाड़ियों को भेजने के लिए धनराशि का अभाव था। कारण भी अनेक थे। यह स्थान एम्सटर्डम की तुलना में दुगुनी दूरी पर था, इसलिए किराए पर होनेवाला व्यय भी अनुमानतः दुगुना होने वाला था। दूसरे, अनेक उच्च अधिकारियों का मानना था कि भारतीय हॉकी संघ को अपनी टीम नहीं भेजनी चाहिए, क्योंकि ओलंपिक हॉकी प्रतियोगिता में अनेक देश भाग ही नहीं ले रहे थे। वे हॉकी के लिए इतना धन व्यय करने की सहमति नहीं दे रहे थे।

दरअसल हम उस समय की बात कर रहे हैं, जिस समय लोग खेलों को इतनी गंभीरता से नहीं लेते थे। खिलाड़ी भले ही इसे अपने राष्ट्र की मान-मर्यादा व प्रतिष्ठा का प्रश्न मानकर खेलते थे, परंतु देश व राजनेताओं की ओर से किसी प्रकार के प्रोत्साहन या सहायता की अपेक्षा नहीं की जा सकती थी। इसके लिए किसी को दोषी नहीं ठहराया जा सकता, क्योंकि देशकाल की तत्कालीन परिस्थितियाँ ही बुद्धिजीवी

वर्ग को उसके अनुसार निर्णय लेने के लिए बाध्य कर देती हैं। उन दिनों देश परतंत्र था, अंग्रेजों के साये में जी रहा था, इसलिए देश का ध्यान उसकी स्वतंत्रता की ओर होना स्वाभाविक ही था। इस प्रकार प्राथमिकताओं में अंतर के कारण हॉकी संघ के समक्ष धन के अभाव की समस्या ज्यों-की-त्यों खड़ी थी।

कहते हैं कि जब कहीं से कोई सहायता मिलती न दिखे तो ईश्वर स्वयं किसी को माध्यम बनाकर प्रस्तुत कर देते हैं। इस बार भी भारतीय हॉकी संघ के अध्यक्ष तथा रेलवे बोर्ड के उच्च अधिकारियों में से श्रीमान हेमैन आगे आए। उन्होंने धन के प्रबंध को अपने हाथों में ले लिया। हॉकी संघ के अवैतनिक सचिव पंकज गुप्ता ने उनको सहयोग देने का निश्चय किया। पूरी टीम को भेजने के लिए इतने धन की व्यवस्था करनी थी, जो कहीं से माँगकर पूरी नहीं हो सकती थी, इसलिए उन दोनों ने बैंक से ऋण लेने की योजना बनाई। यद्यपि यह सुनने में विचित्र सी बात थी, परंतु उन्हें पूरा विश्वास था कि कोई-न-कोई बैंक उन्हें ऋण अवश्य दे देगा। टीम बाद में अपने खेलों से प्राप्त धनराशि से इस ऋण को उतार सकती थी। उन्होंने बड़े ही दृढ़ संकल्प के साथ अपनी यह योजना अन्य व्यक्तियों के सामने रखी। सहयोग देनेवालों की बजाय खिल्ली उड़ानेवाले ही अधिक मिले। परंतु उन्होंने हार नहीं मानी और अंतत: एक बैंक से ऋण लेने में सफल हो गए।

यहाँ हम विशेष रूप से पंजाब नेशनल बैंक का आभार प्रकट करना चाहते हैं, जिन्होंने हॉकी संघ की उस दुविधा को समझा और खिलाड़ियों को भेजने के व्यय के लिए ऋण देने की हामी भर ली। उनकी उदारता वास्तव में प्रशंसनीय थी।

इधर हॉकी संघ अपने बल पर पैसा जुटाने में लगा था और उधर ध्यानचंद अपनी रेजीमेंट के कार्यों में व्यस्त थे। यद्यपि उन्हें समाचार-पत्र आदि पढ़ने का समय नहीं मिलता था, परंतु अपने मित्रों, उच्च अधिकारियों तथा भाई के माध्यम से ताजा समाचार मिल ही जाते थे।

दरअसल, एक अंतर यह भी आ गया था कि वर्ष 1928 तक तो हॉकी के अधिकतर निर्णय आर्मी स्पोर्ट्स कंट्रोल बोर्ड द्वारा ही लिये जाते थे, इसलिए सबकुछ आसानी से पता चल जाता था, परंतु इस बार दृश्य बदल चुका था। नगरीय जीवन से परे कैंटोनमेंट एरिया में रहने के कारण कुछ भी पता नहीं चल पाता था। ध्यानचंद यह भी नहीं जानते थे कि उन्हें इस बार ओलंपिक में शामिल भी कियां जाएगा या नहीं।

जब उन्हें यह पता चला कि भारतीय हॉकी संघ ने अपनी टीम भेजने का निर्णय ले लिया है तो वे प्रसन्नता से झूम उठे। वे भी जानते थे, ऐसा निर्णय लेने के बाद उसे व्यावहारिक तौर पर अमल में लाना सरल न था, इसलिए जब उन्हें पंजाब नेशनल बैंक वाली बात पता चली तो उन्हें पूरा विश्वास हो गया कि अब टीम को फिर से विदेशों में जाकर अपने देश का नाम रोशन करने से कोई नहीं रोक सकता।

सेना में माना जा रहा था कि ध्यानचंद की प्रतिभा किसी परीक्षण की कायल नहीं रही थी, इसलिए उन्हें बिना किसी औपचारिकता के प्रत्यक्ष रूप से टीम में चुने जाने का अवसर मिलना चाहिए था। यही कारण था कि जब ध्यानचंद को परीक्षण मैचों के लिए पंद्रह दिन की छुट्टी देने की बात आई तो रेजीमेंट के अधिकारियों ने इनकार कर दिया।

हालाँकि ध्यानचंदजी भी जानते थे कि उन्हें बिना किसी औपचारिकता के शामिल कर लिया जाएगा, किंतु फिर भी, वे भीतर-ही-भीतर इस बात को लेकर व्याकुलता का अनुभव कर रहे थे, क्योंकि उनके पिछले ओलंपिक खेलों के कई साथी दोबारा टीम का हिस्सा बनने के लिए जी-तोड़ कोशिश कर रहे थे और उन्हें सफलता मिलती नहीं दिख रही थी।

इधर पंजाब नेशनल बैंक से पैसा मिलने के बाद भी धनराशि पर्याप्त नहीं थी। अभी अंतरप्रांतीय हॉकी टूर्नामेंट करवाने की आवश्यकता थी, ताकि ओलंपिक यात्रा का खर्च निकाला जा सके। यह काम भी अपने आप में बहुत महत्त्व रखता था। पिछली बार की तरह इस बार

भी बंगाल हॉकी संघ ने यह भार अपने सिर ले लिया। बंगाल ने ओलंपिक भ्रमण के लिए न केवल धनराशि दान में दी, बल्कि अंतरप्रांतीय टूर्नामेंट भी आयोजित करवाए। उनका यह सहयोग हॉकी संघ के इतिहास में उल्लेखनीय है।

ध्यानचंद चाहते थे कि उन्हें भी कलकत्ता में हो रहे मैचों में खेलने का अवसर मिले, वे नई प्रतिभाओं से साक्षात्कार करें; परंतु वे तो एक दर्शक के तौर पर भी उनमें शामिल नहीं हो सके। उन्हें अखबारों की कतरनों से ही अपना मन बहलाना पड़ा। हॉकी टूर्नामेंट में दस टीमों ने हिस्सा लिया और उसके बाद ओलंपिक जानेवाली टीम के चुनाव के लिए दो परीक्षण मैच करवाए गए।

इन मैचों के बाद ओलंपिक जानेवाले खिलाड़ियों के नामों की घोषणा कर दी गई।

ध्यानचंद को समाचार-पत्र में प्रकाशित खिलाड़ियों की सूची में अपना नाम देखकर ही पता चला कि वे भी ओलंपिक जानेवाली इस टीम का एक हिस्सा हैं। उनके परिवार के लिए बहुत प्रसन्नता की बात थी और इस बार तो जैसे सबका उत्साह व प्रसन्नता दुगुनी हो गई थी, क्योंकि उनका भाई रूपसिंह भी संयुक्त प्रांत की ओर से ओलंपिक टीम में शामिल किया गया था। वह भी अपनी पहली विदेश-यात्रा के लिए प्रस्तुत था।

□

7

ओलंपिक टीम का गठन

सन् 1932 के ओलंपिक में शामिल होनेवाली हॉकी टीम में निम्नलिखित खिलाड़ी थे—

गोलकीपर

रिचर्ड जे. एलन (बंगाल)

ए.सी. हिंद (पंजाब)

बैक

सी. तापसेल (बंगाल)
एल.सी. हैमंड (संयुक्त प्रांत)
एस. असलम (पंजाब)

हाफ बैक

एफ. ब्रुविन (बंबई)
एस. लाल शाह बुखारी (पंजाब, कप्तान)
मसूद मिन्हास (पंजाब)
ई.सी. पिनिंजर (पंजाब)

फॉरवर्ड

आर.जे. कार (रेलवे)
गुरमीत सिंह (पंजाब)
ध्यानचंद (सेना)
रूपसिंह (संयुक्त प्रांत)
सैयद मोहम्मद जफर (पंजाब)
डब्ल्यू.पी. सुलिवन (बंबई)।

भारतीय ओलंपिक संघ के अवैतनिक सचिव तथा लाहौर राजकीय कॉलेज के प्रोफेसर जी.डी. सोंधी को भारतीय टीम का प्रबंधक नियुक्त किया गया। पंकज गुप्ता सहायक प्रबंधक बनाए गए।

भारतीय हॉकी संघ के अध्यक्ष श्री हेमैन व्यक्तिगत रूप से टीम के साथ रहे और उनका मनोबल बढ़ाने के साथ-साथ समय-समय पर आर्थिक सहायता भी प्रदान की। टीम के सामने शर्त रखी गई कि उन्हें वहाँ मिलनेवाला भत्ता नहीं मिलेगा और ओलंपिक से लौटते समय संघ द्वारा जो भी मैच रखे जाएँगे, उन्हें वे सभी खेलने होंगे, ताकि ऋण की

पूर्ति हो सके।

सभी खिलाड़ी यूरोप जाने के लिए उत्साहित थे। भले ही वे सभी मध्यम वर्गीय परिवारों से थे, परंतु उन्हें पैसे की चाह नहीं थी। उन सबके लिए यही पर्याप्त था कि वे अपने देश का प्रतिनिधित्व करने जा रहे हैं।

14 मई, 1932 को भारतीय ओलंपिक दल भोपाल में एकत्र हुआ। भोपालवासियों ने खिलाड़ियों के अभिनंदन में एक शानदार भोजन का आयोजन किया। प्रसन्न व सुखद प्रवास के बाद अलीगढ़ मुसलिम विश्वविद्यालय तथा भोपाल संयुक्त एकादश से दो मैच खेले गए।

वहाँ से पूरा दल बंबई पहुँचा। पहला मैच बंबई राज्य के साथ था और दूसरा मैच बंबई प्रेसीडेंसी के साथ खेला गया। उन मैचों में मिली जीत ने टीम का हौसला बढ़ाया और उनका अभ्यास भी होता रहा।

बंबई कस्टम के साथ तीसरा मैच चल ही रहा था कि तेज बारिश ने सारा काम खराब कर दिया। मैच रोकना पड़ा, परंतु वहाँ भी वह टीम अपने विपक्षियों से आगे ही थी। उन्हीं दिनों बंबई में दंगे भड़क उठे, इसी वजह से मैच के लिए आनेवाले दर्शकों की संख्या घट गई।

इसके बाद वे सभी बंगलौर पहुँचे। दल ने 23 मई को संयुक्त बंगलौर टीम को 3-1 से पराजित किया। बंगलौर से मद्रास पहुँचते ही सभी खिलाड़ियों के चेहरे खिल गए। वहाँ उनका बहुत ही भावभीना स्वागत हुआ। उन्हें लग रहा था, मानो वे अपने-अपने घरों के आरामदायक वातावरण में लौट आए हों। प्रशंसकों की भीड़ हमेशा घेरे रहती। यहाँ तक कि होटल के बैरे भी अपने पसंदीदा खिलाड़ी के ऑटोग्राफ लेने से नहीं हिचके। किसी भी खिलाड़ी के लिए इससे बड़े संतोष व प्रसन्नता की बात क्या हो सकती है कि उसके काम को प्रशंसकों द्वारा सराहा गया।

कुछ और मैच खेलने के बाद ओलंपिक दल कोलंबो के लिए रवाना हुआ। वे सभी 'सीलोन वोटमेल' नामक पानी के जहाज पर सवार हुए। तलमन्नार से उन्हें छोटे नाव जैसे स्टीमर से आगे जाना था।

ध्यानचंद के लिए यह यात्रा अविस्मरणीय रही। उन्हें रह-रहकर श्रीराम के लंका अभियान की कथा याद आती रही। दरअसल उन्होंने 'रामायण' में जिन स्थानों के विषय में पढ़ा था, अब उन्हें देखने का अवसर मिल रहा था।

इसी यात्रा के दौरान उन्हें तलमन्नार के रेल कर्मचारियों के रूखे व कठोर व्यवहार का सामना भी करना पड़ा। हॉकी के खिलाड़ी सी. तापसेल अपनी बहन के साथ आए थे। उनकी बहन हॉकी को विशेष चाव से देखती थी। उनकी इच्छा थी कि वे कोलंबो तक भाई के साथ यात्रा करते हुए मैच भी देखेंगी और वहाँ से टीम को विदा देकर लौट आएँगी। श्री पंकज गुप्ता ने अपनी ओर से बहुत प्रयत्न किए कि उनके लिए एक बर्थ की व्यवस्था हो जाए, परंतु रेलवे कर्मचारी सहयोग करने के लिए तैयार नहीं थे। भारतीय रेलवे बोर्ड के एक उच्च अधिकारी की उपस्थिति भी उन्हें अपना सहयोग देने के लिए राजी नहीं कर सकी।

27 मई को कोलंबो पहुँचने पर एक और आश्चर्य उनकी प्रतीक्षा में था। लॉर्ड इरविन ने उन्हें अपनी शुभकामनाएँ देते हुए लिखा था—'कृपया भारतीय ओलंपिक दल को हमारी ओर से सफल दौरे के लिए शुभकामनाएँ दी जाएँ। हम यहाँ बहुत ही चाव से उनके द्वारा खेले गए मैच देखेंगे।'

कोलंबो में दो मैच खेले गए। एक मैच श्रीलंका संयुक्त टीम के साथ और दूसरा मैच लंका एकादश के साथ खेला गया। दोनों ही मैचों में भारतीय टीम विजयी रही। श्रीलंका के तत्कालीन गवर्नर ग्रेम थॉनसन भी मैच देखने आए थे। उन्होंने टिप्पणी की—"ओह, क्या वास्तव में मैच समाप्त हो गया? मैं तो ऐसा अनुभव कर रहा था, मानो मैं पिछले 5 मिनट से मैच ही देख रहा था।"

□

8

रोचक समुद्री यात्रा

'एन वाई के दारुण मारू' से 30 मई को यात्रा का शुभारंभ किया गया। जलपोत पर जापानी अधिकारियों ने दल का स्वागत किया। कप्तान ने सबको फूलों की मालाएँ पहनाईं और उसके बाद सबका समूह चित्र खिंचवाया गया। सिंगापुर तक की यात्रा आरामदेह रही। जलपोत में खाने-पीने की कोई दिक्कत नहीं हुई। खिलाड़ियों को उनका मनपसंद भोजन आराम से मिल रहा था। विदेश जाने पर व्यक्ति सबसे पहले अपने भोजन को ही याद करता है, क्योंकि हर स्थान का खान-पान स्थानीय जलवायु एवं परंपराओं के अनुसार भिन्न होता है।

पूरा दल डैक कुरसियों पर ही सारा दिन बिताता। सोलह खिलाड़ियों के लिए केवल आठ कुरसियाँ ही भाड़े पर ली जा सकी थीं, इसलिए सभी मिल-बाँटकर उनका उपयोग करते। ध्यानचंद के भाई रूपसिंह भी उस दल में शामिल थे। भारतीय परंपरा के अनुसार प्राय: छोटे अपने से बड़ों की उपस्थिति में शांत ही रहते हैं। वे उनके सामने पड़ने से कतराते हैं। जब भी ध्यानचंद डैक पर आते तो रूपसिंह बहाना बनाकर अपने साथियों के साथ वहाँ से निकल जाते। ध्यानचंद बहुत जल्दी रूपसिंह की परेशानी भाँप गए। वे यही कोशिश करते कि जब रूपसिंह डैक पर

हों तो वे वहाँ न जाएँ, क्योंकि वे नहीं चाहते थे कि उनके कारण उनके छोटे भाई की पहली विदेश-यात्रा का स्वाद किरकिरा हो।

पूरे एक सप्ताह की यात्रा के बाद जलपोत सिंगापुर पहुँचा। सिंगापुर से हांगकांग जाने का समुद्री मार्ग दुर्गम था और प्रायः वहाँ समुद्री आँधी-तूफान आते ही रहते थे। इसलिए भारतीय दल के मन में भी यही आशंका थी कि उन्हें अब खराब जलवायु का सामना करना होगा, जो कि उनकी सेहत के लिए हानिकारक हो सकती थी; परंतु भाग्यवश ऐसा कुछ भी नहीं हुआ। भारतीय दल की यात्रा निरापद रही। वे 8 जून को हांगकांग जा पहुँचे।

वहाँ भी हॉकी दल को कुछ मैच खेलने थे; परंतु वर्षा के कारण मैदानों में पानी भर गया था, इसलिए पूर्व नियोजित मैच रद्द करने पड़े। इस बात का एक लाभ यह हुआ कि दल को उस स्थान की सैर करने का अवसर मिल गया। भारतीय दल कई टुकड़ों में बँट गया और ध्यानचंद गुप्ताजी वाले दल के साथ सैर पर निकल पड़े। वे लोग एक डिपार्टमेंटल स्टोर में गए, जो कि देखने लायक जगह थी। सभी ने दिल खोलकर पर्यटन स्थलों की सुंदरता को सराहा। भले ही जेबों में पैसे कम थे, किंतु इससे घूमने का उत्साह कम नहीं हुआ था।

इसके बाद शंघाई के लिए यात्रा आरंभ हुई। शंघाई तक की यात्रा कष्टकर रही, क्योंकि प्रचंड तूफानी हवा के थपेड़ों ने हालत खराब कर दी थी। शंघाई में कोई मैच न होने के कारण घूमने का कार्यक्रम बनाया गया। उन दिनों चीनी व जापानी संघर्ष के चलते वहाँ के वातावरण में तनाव था। भारतीय दल ने तय किया कि वे नगर के बाहरी हिस्से में स्थित सिख मंदिर के दर्शन करने जाएँगे। जापानी सैनिकों की संदिग्ध नजरों के बीच मंदिर के दर्शन किए गए।

दल ने आगे की यात्रा आरंभ की। अब वे कोवे जा रहे थे। जलपोत पर भोजन के मेन्यू कार्ड बहुत ही सुंदर व आलंकारिक जापानी शैली में तैयार किए गए थे। अकसर खिलाड़ियों में होड़ मची रहती कि उन्हें यादगार के तौर पर अपने पास कौन रखना चाहेगा।

13 जून को जलपोत के अधिकारियों ने सायोनारा डिनर का प्रबंध किया। वे खिलाड़ियों को फेयरवेल डिनर देना चाहते थे। पूरे जहाज को रंग-बिरंगी वस्तुओं से सजा दिया गया। सभी खिलाड़ियों ने उस दावत का भरपूर आनंद लिया और उसके बाद पंकज गुप्ता ने एक औपचारिक सभा बुलाई, जिसमें सबको मिलकर टीम के उप-कप्तान का चुनाव करना था। यह अवसर दल को ही सौंपा गया था। पिनिंजर, एलन व हैमंड के नाम प्रस्तावित किए गए। एक वोट लिया गया, जिसमें एलन को सबसे ज्यादा वोट मिले और वे भारतीय हॉकी टीम के उप-कप्तान चुने गए।

अगली सुबह सब सोकर उठे तो जापान के किनारे धुँधले-धुँधले दिखने लगे थे। अचानक ही जहाज रोक दिया गया और जापानी पुलिस अधिकारियों ने सबके सामान की तलाशी लेना आरंभ कर दिया। तनावपूर्ण परिस्थितियाँ होने के कारण चीन से होकर जापान आनेवाले प्रत्येक यात्री की इसी तरह जाँच की जाती थी। अगली सुबह सब कोवे पहुँचे। फिर से सबकी पूरी जाँच की गई और कैमरे भी ले लिये गए। कोवे में एक भारी भीड़ ने दल का स्वागत किया। लोग उनके स्वागत में अपनी हॉकी स्टिक ऊँची किए खड़े थे। वहाँ अनेक भारतीय भी थे, जो उन दिनों जापान में रह रहे थे। इसी यात्रा के दौरान भारतीय दल की भेंट रासबिहारी बोस से हुई। वे भी दल को अपनी शुभकामनाएँ देने बंदरगाह पहुँचे थे।

कोवे के दो दिन के प्रवास में दो मैच खेले गए। कन्साई हॉकी क्लब को 22 गोलों से पराजित किया गया और कोवे मनोरंजन क्लब शून्य के मुकाबले 16 गोलों से पराजित हुआ। कोवे में ही भारतीयों के साथ एक मैत्रीपूर्ण मैच भी खेला गया।

कोवे में रह रहे भारतीयों ने बहुत ही हार्दिक अतिथि-सत्कार किया और वहाँ से भारतीय हॉकी टीम रेल द्वारा टोक्यो गई। ध्यानचंद प्राय: भारत लौटने पर मित्रों के बीच चर्चा करते थे। रेल-यात्रा के दौरान उन्होंने एक भद्र पुरुष को पंकज गुप्ता के पास बैठे देखा और बातों-ही-बातों में पता चला कि वे तो जापान के प्रधानमंत्री हैं। यह सुनकर तो

सभी आश्चर्यचकित रह गए।

टोक्यो एक आधुनिक शहर था। सभी खिलाड़ियों को साफ-सुथरे व आरामदेह होटल मानपी में ठहराया गया। खूबसूरत जापानी लड़कियाँ होटल में काम करती थीं। कहना न होगा कि वहाँ का माहौल बहुत ही खुशनुमा हो गया था। टोक्यो के पाँच दिन के प्रवास में दो मैच खेले गए। पहला मैच मीजी मठ स्टेडियम में खेला गया।

वासेदा विश्वविद्यालय के खिलाफ खेले गए इस मैच की खूबी यह रही कि भारतीय हॉकी टीम ने प्रतिकूल परिस्थितियों में भी जीत हासिल की। मैदान में पानी भरा था और भारतीय खिलाड़ियों के पास कीलों वाले जूते भी नहीं थे।

दूसरा मैच सर्व जापान एकादश के विरुद्ध खेला गया। उसे शून्य के मुकाबले 11 गोलों से हराया गया। टोक्यो में अतिथि-वत्सल भारतीयों के कारण सार्वजनिक उत्सवों तथा अभिनंदनों की तो जैसे बाढ़-सी आ गई थी। खिलाड़ियों को अनेक गण्यमान्य व्यक्तियों से मिलने का अवसर मिला; किंतु साथ ही एक ऐसी मनोरंजक घटना भी हुई, जिसे याद करके ध्यानचंद बाद के दिनों में भी हँसा करते थे। हॉकी अधिकारियों ने जब उन्हें दनादन गोल मारते देखा तो वे चाहकर भी अपने कौतूहल को छिपा नहीं सके।

ध्यानचंद की हॉकी को तोड़कर देखा गया कि कहीं उसमें चुंबक तो नहीं लगा हुआ। उन्हें लग रहा था कि हॉकी में कोई विशेष प्रकार की गोंद लगाई गई है, जिसके कारण गेंद हॉकी से चिपक जाती है और किसी दूसरे विपक्षी खिलाड़ी को गोल करने का अवसर ही नहीं मिलता। हॉकी अधिकारियों ने जब अपनी तसल्ली कर ली तो ध्यानचंद नई हॉकी स्टिक के साथ फिर से इस तरह खेल में जुट गए मानो कुछ हुआ ही न हो। यह घटना सुनकर तो वास्तव में उनकी सादगी पर दंग रह जाना पड़ता है। इतने स्तरीय हॉकी खिलाड़ी होने के बावजूद घमंड तो जैसे उन्हें छू भी नहीं गया था।

□

9

अलोहा-अलोहा

आगे की यात्रा के लिए वे सब याकोहामा से 'तत्सुता मारू' नामक जहाज से रवाना हुए। उस जहाज में एशिया से आए अनेक खिलाड़ी दल शामिल थे, जो ओलंपिक में भाग लेने जा रहे थे। इस तरह वह जहाज एक छोटा-मोटा स्टेडियम ही बन गया था। प्रत्येक टीम चाहती थी कि ओलंपिक खेलों के लिए अपने अभ्यास को जारी रखे और उन सबको अभ्यास का पूरा अवसर मिला। सुबह के समय भारतीय खिलाड़ी हॉकी खेलते। बाद में वहाँ 100 मीटर की दौड़ का अभ्यास होता। जहाज पर ही एक तरणताल भी था, जिसमें तैराक अपना अभ्यास कर लिया करते।

30 जून को यह जहाज होनोलूलू पहुँचा। यह स्थान कहलाता था—धरती का स्वर्ग। खिलाड़ी बहुत प्रसन्न थे कि उन्हें ऐसा रमणीक स्थान देखने का अवसर प्राप्त हुआ। यह स्थान हवाई की राजधानी था। हवाई एमेच्योर एथलीटिक एसोसिएशन की कार्यवाहक अध्यक्षा श्रीमती फुलर्डलिओ ने सभी यात्रियों का जोरदार स्वागत किया।

उस रात ओलंपिक में शामिल होने जा रहे सभी खिलाड़ियों के लिए रात्रिभोज का आयोजन किया गया था। इसके बाद हुला-हुला नृत्य

दिखाया जाने लगा। सभी लोग रंग में आ गए और उस नृत्य का भरपूर आनंद लिया।

उस समय हवाई में छह भारतीय रह रहे थे। उनमें से एक का नाम था गोविंदराम जेठानंद वातूमल। वे होनोलूलू के प्रसिद्ध व्यापारियों में से थे। उनकी अमेरिकी पत्नी ने खिलाड़ियों का हार्दिक स्वागत किया। उस समय उनके द्वारा भारतीय छात्रों के लिए छात्रवृत्तियाँ भी आरंभ कीं, जिनके बल पर भारतीय छात्रों को अमेरिका जाकर पढ़ाई करने का अवसर मिल सकता था।

एक जुलाई को भारतीय टीम को आगे का सफर आरंभ करना था। वे अपने देश से जिस काम का बीड़ा उठाकर चले थे, उसका गंतव्य निकट आ गया था। प्रत्येक स्थान का प्रवास कुछ खट्टी-मीठी यादें दे जाता था। इस तरह यह यात्रा भी दुनिया के कुछ हिस्सों को देखने-जानने का एक खूबसूरत अवसर रही। जिस दिन जहाज रवाना होना था, सबके गले में मालाएँ पहनाई गईं और श्रीमती फुलर्डलिओ ने कहा, "अलोहा-अलोहा।"

इन शब्दों का अर्थ था कि यात्रा पर जानेवालों के लिए सबकुछ शुभ हो। सबने बड़े ही दिल से उनकी शुभकामनाएँ ग्रहण कीं। सभी खिलाड़ियों से कहा गया कि जब वे समुद्र में पहुँचें तो अपनी मालाएँ उतारकर पानी में फेंक दें। परंपरा के अनुसार, यदि उनकी वे मालाएँ तैरकर किनारे आ लगीं तो उन लोगों को अपने जीवन में कभी-न-कभी उन रंग-बिरंगे द्वीपों पर पुनः आना ही होगा।

यह तो पता नहीं चला कि मालाएँ समुद्र के किनारे तक पहुँचीं या नहीं, परंतु होनोलूलू की यादें वर्षों तक खिलाड़ियों की सुनहरी यादों का एक अंश रहीं।

□

10

सन् 1932 की ओलंपिक विजय

होनोलूलू से रवानगी के बाद सफर तकलीफदेह होने लगा, क्योंकि अमेरिका पास आ रहा था और ठंडी हवाएँ चलने लगी थीं। वे लोग छह जुलाई को दो दिन के लिए सैन फ्रांसिस्को में ठहरे। वहाँ सभी खिलाड़ियों का नागरिक अभिनंदन किया गया। उन्हें शहर के महापौर ने शहर के प्रतिरूप की चाबी भेंट-स्वरूप दी।

भारतीय टीम ने अपनी आगे की यात्रा आरंभ की और 42 दिवसीय समुद्री यात्रा के बाद सैन पैडरो बंदरगाह पर उतरे। भारतीय खिलाड़ी अपना परिचय देने के लिए पूरी तरह प्रस्तुत थे। वहाँ प्रेस ने विशेष रूप से उनकी आवभगत की। सभी खिलाड़ियों के चित्र लिये गए, परंतु भारतीय हॉकी टीम को विशेष रूप से सामूहिक चित्र देने के लिए आग्रह किया गया। दरअसल खिलाड़ियों की सुंदर व अनूठी वेशभूषा भी सबके कौतूहल का विषय थी। वे सफेद पैंट, हलके नीले रंग के कोट तथा भूरे जूतों में थे। सिरों पर पहनी पगड़ी देखकर तो लोगों ने शायद यही अंदाजा लगाया होगा कि देश के बड़े-बड़े महाराजाओं को मिलाकर ही टीम बनाई गई है। प्रेस ने बहुत सी तसवीरें लीं और अगले दिन के समाचार-पत्रों में भारतीय हॉकी टीम की प्रशंसा के पुलों के साथ चित्र भी दिए गए।

बंदरगाह से लॉस एंजेल्स की दूरी कार द्वारा तय की गई। इस ओलंपिक में भारत की ओर से तीन एथलीट, एक तैराक तथा हॉकी टीम भाग ले रहे थे।

ओलंपिक खिलाड़ियों के रहने के लिए विशेष रूप से ओलंपिक ग्राम बनाया गया था। इनमें छोटे कॉटेज थे, जिनमें दो-दो कमरे थे। महिला खिलाड़ियों के रहने की व्यवस्था अलग की गई थी।

अभी ओलंपिक खेल आरंभ होने में समय था, इसलिए भारतीय खिलाड़ी वहाँ एक महिला खेलकूद स्टेडियम में अभ्यास करते। अमेरिका में सदा हिम हॉकी ही खेली जाती थी। उनके लिए मैदानी हॉकी देखने का यह पहला अवसर था।

30 जुलाई को ओलंपिक खेलों का उद्घाटन किया गया। यूनान ने ओलंपिक परेड का नेतृत्व किया। स्टेडियम में करीब एक लाख लोगों के बैठने की व्यवस्था थी। सारा स्टेडियम खचाखच भरा था। जब राष्ट्रों की ओलंपिक परेड निकाली गई तो भारतीय हॉकी टीम के कप्तान लालशाह बुखारी अपनी टीम के आगे झंडा लेकर चले। चूँकि वे लोग ब्रिटिश भारत का प्रतिनिधित्व कर रहे थे, इसलिए उनके हाथों ने यूनियन जैक थामा हुआ था। उनकी वेशभूषा तथा रंग-बिरंगी पगड़ियों ने दर्शकों का मन मोह लिया। संभवत: इस वेशभूषा का विचार श्रीमान सोंधी के ही दिमाग में पहले आया होगा और बाद में उसे भारतीय

ओलंपिक संघ ने अपनाया होगा।

परेड में मेजबान देश अमेरिका सबसे पीछे आया। बाकी देशों को अंग्रेजी वर्णमाला के क्रम में चलने का अवसर दिया गया। भारतीय हॉकी टीम ने 4 अगस्त को अपना पहला मैच जापान के खिलाफ खेला। उस मैच में भारत ने जापान को 1 के मुकाबले 11 गोलों से पराजित किया। जापान द्वारा किया गया यह गोल भारतीय खिलाड़ियों के लिए ऐतिहासिक महत्त्व रखता था, क्योंकि जब उन्होंने सन् 1928 के ओलंपिक में भाग लिया था तो भारतीय टीम पर कोई गोल नहीं कर सका था।

फिर अमेरिका व जापान के मुकाबले में अमेरिका ने मात खाई। इस तरह 11 अगस्त को निर्णायक मैच के लिए भारत व अमेरिका आमने-सामने थे। उस मैच में भारत ने अमेरिका को 1 के मुकाबले 24 गोल से पराजित किया।

इस तरह खेल में 24 गोल करके भारतीय हॉकी टीम ने एक विश्व रिकॉर्ड कायम कर दिया। भारतीय हॉकी को विश्व-विजेता मान लिया गया। लॉस एंजेल्स के एक समाचार-पत्र ने फाइनल मैच के विवरण में कुछ यों लिखा—

"...सन् 1928 के खिताब की रक्षा के लिए श्री जी.डी. सोंधी अपने साथ जो भारतीय टीम लॉस एंजेल्स लाए हैं, वह वास्तव में पूर्व का तूफान ही सिद्ध हुई है, जिसने सभी को अपने पैरों तले रौंदकर रख दिया; परंतु संयुक्त राज्य अमेरिका का प्रतिनिधित्व कर रहे खिलाड़ियों को तो ओलंपिक स्टेडियम के बाहर ही खदेड़कर दम लिया।"

भारतीयों ने हॉकी के खेल में अपना वर्चस्व सिद्ध कर दिया था। वहाँ रहनेवाले भारतीयों के लिए तो यह दूने उल्लास व उत्साह का विषय था। उनके भारतीय खिलाड़ियों ने विश्व में अपने नाम का डंका बजा दिया था।

श्री पंकज गुप्ता ने एंजेल्स के 'बाइबिल हॉल' में अपील की कि भारतीय खिलाड़ियों के लिए एकत्र किए गए फंड में कुछ धनराशि कम

पड़ रही है। ओलंपिक हॉकी कोष की कमी को पूरा करने के लिए तत्काल 200 डॉलर एकत्र हो गए। भारत के तत्कालीन वायसराय ने बधाई संदेश भेजा, जिसमें लिखा था—

"मुझे अपनी हॉकी टीम की जीत का समाचार पाकर बेहद प्रसन्नता हुई। कृपया अपने दल के सभी सदस्यों को मेरी ओर से बधाई दें कि वे अपने विश्व खिताब को सुरक्षित रखने में सफल रहे। मेरी ओर से आपको और आपकी टीम को हार्दिक बधाई!"

लॉस एंजेल्स में ध्यानचंद व उनके साथियों को बहुत नई-नई चीजों के बारे में जानने तथा अनेक महान् हस्तियों से मिलने का अवसर मिला। वहाँ उन्होंने अमेरिकन जीवन-शैली को बहुत निकट से देखा। वे नोबेल पुरस्कार विजेता भौतिकीविद् डॉ. राबर्ट मिलिकन की प्रयोगशाला देखने गए। हॉलीवुड में ही अमेरिका का फिल्म उद्योग स्थित है। उन लोगों ने अनेक प्रसिद्ध फिल्मी स्टूडियो देखे और कई स्टूडियो में तो शूटिंग कर रहे कलाकारों से मिलने का भी मौका मिला। प्रत्येक स्थान पर हॉकी के जाँबाज खिलाड़ियों का दिल से स्वागत किया गया। मैच जीतने के बाद तो वे भी एक तरह से गण्यमान्य अतिथि ही बन गए थे।

वहीं रामकृष्ण मिशन की एक शाखा थी, जिसमें उनकी भेंट स्वामी विवेकानंदजी के एक शिष्य परमानंदजी से हुई। वे वहाँ वेदांत के प्रचार-प्रसार में जुटे थे। पराए देश में अपनी बोली बोलनेवाले या अपने देश के लोग मिल जाएँ तो बहुत ही अच्छा लगता है। एक और संयोग ऐसा बना कि खिलाड़ियों की भेंट एक और आध्यात्मिक भारतीय गुरुदेव से हुई। स्वामी योगानंदजी का आश्रम उन दिनों माउंट वाशिंगटन में था। उनके आश्रम में खिलाड़ियों को विदाई भोज दिया गया और उन्हें कई माह बाद अपना प्रिय भारतीय फल आम चखने को मिला। ऐसा लगा मानो अपने देश ही वापस पहुँच गए हों।

15 अगस्त की सुबह भारतीय हॉकी टीम ने लॉस एंजेल्स से विदा ली। प्लेटफॉर्म पर भीड़ तो थी, पर अधिकतर लोग अंग्रेज खिलाड़ियों

को छोड़ने आए हुए थे।

लॉस एंजेल्स से न्यूयॉर्क तक की यात्रा बहुत लंबी व थका देनेवाली रही। एक तो धन के अभाव में खिलाड़ियों के लिए स्लीपरों का प्रबंध नहीं हो पाया था और दूसरे, भोजन भी ऐसा नहीं था कि उनकी भारतीय रसना को संतुष्ट कर पाता। उन्होंने एक दिन प्रसिद्ध साल्ट लेक में स्नान का आनंद लिया और एक दिन ओमाहा में बिताया। वहाँ हॉकी टीम ने रात को कृत्रिम रोशनी में हॉकी का प्रदर्शन दिया।

□

11

मेरियन क्रिकेट मैदान

इसके बाद वे लोग फिलाडेल्फिया पहुँचे। वहाँ हॉकी टीम को एक मैच खेलना था, जो अपने आप में एक रोमांचक व अविस्मरणीय मैच रहा। मेरियन क्रिकेट मैदान में खेले गए उस मैच की खूबी यह थी कि भारत के गोलरक्षक हिंद को संयुक्त राज्य एकादश की टीम ने अपने साथ खिलाने की बात की थी। भारतीय हॉकी टीम ने उन्हें सहमति दे दी और इस तरह आर्थर हिंद उनकी ओर से खेले।

फिलाडेल्फिया के इस मैदान में भारत ने संयुक्त राज्य एकादश के खिलाफ 20 गोल किए और उन्होंने 1 गोल किया। वे लोग बुरी तरह से परास्त हुए।

बेशक कई समाचार-पत्रों ने बात को सही तरह से पेश करते हुए भारतीय टीम की उदारता को सराहा कि 'यदि वे अपने गोलरक्षक को उधर न देते तो संभवत: अमेरिका की पराजय और भी बुरी हो सकती थी, क्योंकि वे बिलकुल अच्छी तरह नहीं खेले।'

एक और समाचार-पत्र ने बात को अलग ही अंदाज में पेश किया। उन्होंने लिखा—'ये भारतीय किसी अच्छे उद्देश्य के साथ अपने देश से नहीं निकले। जब से खेल आरंभ हुआ, तब से लेकर अंत तक वे लोग

अनुभवहीन गोरों को बुरी तरह से रौंदते रहे, जब तक कि एक खिलाड़ी को अस्पताल ले जाने की नौबत तक नहीं आ गई। हालाँकि उन्होंने अमेरिका के खिलाड़ियों पर दया दिखाते हुए उन्हें अपना एक गोलरक्षक भी आधे खेल के लिए उधर दिया था।'

इस तरह अमेरिकी देशों को मुँहतोड़ जवाब देने के बाद भारतीय हॉकी टीम न्यूयॉर्क पहुँची। यहाँ हॉकी टीम पाँच दिन रहने वाली थी। वहाँ रह रहे भारतीयों ने टीम का हार्दिक स्वागत किया और टीम को वाल स्ट्रीट, फिफ्थ एवेन्यू, एंपायर स्टेट बिल्डिंग, मेडिसन स्क्वायर गार्डन तथा अन्य कई रोचक स्थलों के भ्रमण का अवसर मिला। वे लोग कोनी द्वीप भी गए, जहाँ उन्होंने पूरा एक दिन आनंदपूर्वक व्यतीत किया।

फिर वे लोग न्यूयॉर्क से साउथ हैंपटन की ओर रवाना हुए। मार्ग में वे लोग स्टेच्यू ऑफ लिबर्टी के पास से निकले, जिसे देखकर ध्यानचंद अभिभूत हो उठे। वे उस भव्य प्रतिमा को देख बहुत प्रसन्न हुए, जो संयुक्त राज्य अमेरिका के इतिहास व कीर्ति की साक्षी रही थी।

पाँच दिनों के इंग्लैंड प्रवास का वही अनुभव रहा, जो पहले रहा था। उन्होंने भारतीय हॉकी टीम की ओर कोई ध्यान नहीं दिया। हालाँकि भारतीय हॉकी टीम वहाँ भी खेलना चाहती थी, परंतु उन लोगों ने यह कहकर टाल दिया कि वहाँ अब हॉकी का मौसम नहीं है। यह तो साफ ही था कि वे लोग ओलंपिक विजेता भारतीयों के हाथों फिर से पराजित नहीं होना चाहते थे, इसलिए तरह-तरह के बहाने बनाए जा रहे थे।

भारतीय हॉकी खिलाड़ी भले ही मुँह से कुछ नहीं बोले, परंतु अपनों के बीच दबे शब्दों में यह गर्व व उल्लास व्यक्त करने से नहीं चूके कि उन्होंने अंग्रेजों के मन में अपनी हॉकी से भय उत्पन्न कर दिया था। भले ही खेलों में ही सही, वे अंग्रेजों को नीचा दिखाने में सफल रहे।

खिलाड़ियों ने अपने अधिकारियों को मना ही लिया था कि वे लोग यूरोप-भ्रमण करते हुए वापसी करेंगे तथा भारत लौटकर प्रदर्शन मैचों द्वारा राह-खर्च की भरपाई कर दी जाएगी। इसलिए अब कोई

समस्या थी ही नहीं। जहाँ खिलाड़ियों को खेलने का अवसर मिलता, वे अपने खेल का जौहर दिखा देते और जहाँ कोई देश खेलने से मना करता तो वे उसके पर्यटन-स्थलों का भ्रमण कर आगे बढ़ जाते। कहना न होगा कि भली-बुरी यादों के साथ यह यात्रा बहुत ही रोमांचक व सुखद जान पड़ रही थी।

□

12

ध्यानचंदजी की दुविधा

जब भारत से हॉकी टीम रवाना हुई थी तो उनके मन में कहीं थोड़ा सा संशय था कि क्या उन्हें निश्चित रूप से हॉकी के खेल के लिए लॉस एंजेल्स जाना चाहिए? क्या यह उचित होगा कि वे जापान और अमेरिका जैसे देशों के साथ हॉकी खेलने के लिए इतनी लंबी दूरी की विदेश-यात्रा करें? हालाँकि वे आरंभ में इस निर्णय को मन-ही-मन स्वीकृति नहीं दे पा रहे थे, किंतु बाद में उन्होंने स्वयं स्वीकारा कि यह निर्णय अनुचित नहीं था।

उन्हें इस निर्णय को लेने के पीछे जो कारण सुनने को मिला, वह इतना उपयुक्त था कि उन्होंने इस विषय में अपनी धारणा बदल दी। दरअसल बहुत पहले ओलंपिक में हॉकी खेलने का चलन था; परंतु बाद में धीरे-धीरे उसे छोड़ दिया गया। फिर सन् 1928 में उसे नए सिरे से ओलंपिक खेलों का हिस्सा बनाया गया।

जहाँ भारतीय हॉकी टीम ने अपना वर्चस्व स्थापित किया था। इस प्रकार यदि भारत सन् 1932 में हो रहे ओलंपिक में हिस्सा लेने से इनकार कर देता तो संभवत: वे लोग उन खेलों में हॉकी को शामिल ही न करते और हॉकी का खेल एक बार फिर ओलंपिक खेलों की सूची से बाहर हो जाता।

भारतीय हॉकी टीम का सन् 1932 के ओलंपिक खेलों में भाग लेना एक उपयुक्त निर्णय था और वे सबकी अपेक्षाओं पर खरे भी उतरे थे। हालाँकि महाद्वीप में इस खेल के प्रति लोगों की रुचि में कोई बहुत बड़ा अंतर नहीं आया था। बस, इतना कहा जा सकता था कि सन् 1928 की तुलना में अब कुछ अधिक लोग हॉकी खेलने व देखने लगे थे।

जर्मन हॉकी संघ ने संदेश भेजा था कि जब खिलाड़ी अपनी यात्रा के दौरान जर्मनी आएँगे तो वह स्वयं जर्मनी प्रवास का खर्च वहन करेगा। सभी खिलाड़ी जर्मनी जा पहुँचे। वहाँ उन्होंने नौ स्थानों की यात्रा करते हुए नौ मैचों की एक शृंखला खेली। हॉलैंड, जर्मनी, चेकोस्लोवाकिया, एम्सटर्डम तथा हंगरी के विरुद्ध अंतरराष्ट्रीय मैच खेले गए।

अपनी इस यात्रा के दौरान खेले गए मैचों की यादें ताजा करते हुए ध्यानचंद अकसर बर्लिन में हुए मैच की चर्चा करते थे। उनका कहना था कि बर्लिन एकादश में हम लोगों ने 4 गोलों से परास्त किया था; परंतु बर्लिन के खिलाड़ियों ने जिस खूबसूरती से हॉकी का मैदान सँभाला और अपने खिलाफ होनेवाले कई गोलों को रोका, वह वाकई प्रशंसनीय था। इसी यात्रा के दौरान एक-दो घटनाएँ ऐसी भी घटीं, जिन्हें संभवत: संकोची स्वभाव के ध्यानचंदजी स्वयं कभी किसी को न बताते। जब हेमैन ने अपनी पुस्तक में इस घटना का वर्णन कर ही दिया तो उन्होंने भी तनिक लजाते हुए उसे स्वीकारा।

दरअसल हुआ यों था कि ध्यानचंदजी एक जाना-माना नाम बन चुके थे। जो उन्हें नहीं भी जानता था, वह उनके एक मैच का प्रदर्शन देखकर प्रशंसक बन जाता था। ऐसी ही एक प्रशंसिका से चेकोस्लोवाकिया में उनका सामना हो गया था। हॉकी की दीवानी वह युवती ध्यानचंद

जैसे दक्ष खिलाड़ी पर मोहित हो गई और मैच समाप्त होने के बाद उनके पास आकर बोली, "तुम तो किसी देवदूत की तरह जान पड़ते हो।" यहाँ तक तो फिर भी ठीक था, परंतु जब उसने उन्हें चूमने की बात कही तो वे बुरी तरह से घबरा गए। हम आज से लगभग 80 बरस पहले की बात कर रहे हैं। वैसे भी भारतीय संस्कारों में पले गरिमामयी ध्यानचंदजी कभी इस बात के लिए हामी नहीं भर सकते थे। उन्होंने बड़े ही आदर भाव से युवती को धन्यवाद दिया और फुरती से पीछे हट गए। उनके मुख से बार-बार यही वाक्य निकल रहा था—

"क्षमा करें, मैं विवाहित हूँ...क्षमा करें, मैं विवाहित हूँ...।" वर्तमान में पाठकों को यह पढ़कर भले ही विचित्र लगे, किंतु सच्चे भारतवासी ऐसे ही होते हैं। वे सात समंदर पार भले ही अपने देश से कितने भी दूर क्यों न चले जाएँ, अपने संस्कारों व परंपराओं का पालन करना नहीं छोड़ते।

उन्होंने अपनी आत्मकथा में स्पष्ट रूप से लिखा है कि यदि दूसरे व्यक्ति ने इस घटना का वर्णन अपनी पुस्तक में न किया होता तो शायद वे कभी किसी को इस बारे में न बताते।

ऐसी ही एक और घटना वहाँ घटी, जो खिलाड़ियों की विवशता को और भी मुखरित कर गई। आप लोगों को विदित ही है कि वह सन् 1932 का दौर था और अभी भारत अंग्रेजों का गुलाम ही था। हमें यूनियन जैक के झंडे तले ही अपने मैच खेलने पड़ रहे थे।

जर्मनी में एक ऐसी घटना घटी, जिसे उस समय वे चाहकर भी किसी को नहीं बता सके; परंतु देश के आजाद होने के बाद उन्हें अपनी कुंठा व विवशता को प्रकट करने का अवसर मिल ही गया।

जर्मनी में उन दिनों तारकनाथ दासजी निर्वासित होकर रह रहे थे। वे म्यूनिख के उसी होटल में ठहरे थे, जहाँ भारतीय खिलाड़ियों को ठहराया गया था। जब उन्होंने भारतीय ओलंपिक दल को यूनियन जैक के साथ देखा तो बुरी तरह से भड़क गए और पंकज गुप्ता की भर्त्सना

करने लगे कि वे अपने तिरंगे के तले क्यों नहीं खेलते। यह एक ऐसी विवशता थी, जिसका किसी के पास कोई उत्तर न था। गुप्ताजी ने वहाँ किसी तरह उस प्रसंग को सँभाला और बात को वहीं दबा दिया गया, ताकि किसी को पता न चले।

अलग-अलग स्थानों पर कई तरह के अनुभव हुए। उन्हें हर रूप में अपनी क्षमता का परिचय देना पड़ता। बुडापेस्ट में हुए मैच में भी भारतीय हॉकी की जीत हुई, परंतु वे विपक्षी दल को केवल 5 गोलों से ही परास्त कर सके। इसका कारण यह था कि बुडापेस्ट में हॉकी के खेल का मैदान बहुत छोटा और दयनीय दशा में था।

दूसरी बात यह थी कि खिलाड़ी मैच आरंभ होने से आधा घंटा पूर्व ही विएना की लंबी दूरी तय करके बुडापेस्ट पहुँचे थे। उनकी टीम में दो खिलाड़ी कम पड़ रहे थे, किंतु दो चोटिल खिलाड़ियों ने अपनी सेवाएँ प्रस्तुत कीं और खेलने के लिए टीम पूरी हो सकी। अन्यथा परिस्थितियाँ तो ऐसी बन गई थीं कि दोनों उच्च अधिकारियों, सोंधी व गुप्ताजी, को टीम पूरी करने के लिए साथ देना पड़ता और वे दोनों इस कार्य के लिए सहर्ष प्रस्तुत भी थे।

इन संस्मरणों को पढ़कर आश्चर्य होता है कि उस समय के खिलाड़ी कितने सरल स्वभाव के तथा सादगी-पसंद थे। वे सब बिना किसी घमंड या अभिमान के एक माला में पिरोए फूलों की तरह मिलकर रहते थे। जब कभी किसी भी तरह की समस्या सामने आती तो अपने केबिनों में मुँह छिपाने की बजाय सभी मिलकर उसका समाधान खोज निकालते। खेल हमें समूह-भावना का पाठ पढ़ाते हैं और ऐसा जान पड़ता है कि उन लोगों ने यह सबक बहुत अच्छी तरह पढ़ा था।

□

13

ओलंपिक टीम की भारत वापसी

इसके बाद ओलंपिक टीम विएना, फ्लोरेंस, रोम व नेपल्स से होते हुए कोलंबो के लिए रवाना हुई। मार्ग में श्री गुप्ता के नाम ओलंपिक निदेशक की ओर से धन्यवाद-ज्ञापन का पत्र आया।

उन्होंने कहा कि भारतीय टीम उनके लिए परिवार का एक अंग बन गई थी। उनके सहयोग से यह प्रवास सुखद रहा। वे अपनी ओर से उन सभी खिलाड़ियों का आभार प्रकट कर रहे थे, जो ओलंपिक जैसे महान् कार्य में अपना योगदान देकर उसे सफलता के शिखर तक ले जाने में सहभागी रहे।

भारत लौटकर ओलंपिक टीम को दस मैच खेलने पड़े, जिसमें से आठ मैचों में उनकी जीत हुई और दो मैचों का निर्णय नहीं हो सका, जो कि बंबई कस्टम व लाहौर संयुक्त के साथ खेले गए थे।

भारतीय टीम बंबई पहुँची तो बंबई के तत्कालीन मेयर ने विक्टोरिया टर्मिनस स्टेशन पर सबका हार्दिक स्वागत किया। अब वे कोई अनचीन्हे व्यक्ति नहीं, बल्कि भारतीय हॉकी टीम के महान् खिलाड़ी थे, जो पूरे विश्व में महान् भारत की कीर्ति-पताका फहराकर लौटे थे। उनकी उपलब्धियाँ केवल उनके लिए नहीं, बल्कि सारे देश के लिए गर्व का विषय थीं।

भारतीय हॉकी टीम ने पहले तय किए गए निर्णय के अनुसार भारत लौटकर प्रदर्शनी मैच खेले, परंतु सारे मैच खेलने के बाद भी तीन हजार रुपए की पूर्ति रह गई। उस समय श्री हेमैन ही आगे आए। वे एक महान् खेल-प्रेमी थे। उन्होंने सहर्ष उस कमी को पूरा कर दिया।

ध्यानचंद बहुत ही आदर व स्नेह से उन्हें स्मरण किया करते थे। जब सारी टीम ने लाहौर में अंतिम मैच खेलने के बाद विदा ली तो वे अपने काम पर जाने से पूर्व कुछ दिन का अवकाश लेकर झाँसी चले गए। झाँसी के निवासी तथा परिवार जन पलक-पाँवड़े बिछाए अपने प्रिय खिलाड़ी की प्रतीक्षा कर रहे थे। उनके आने से पूर्व ही उनके सुनाम का यश चारों ओर प्रसारित हो चुका था। यद्यपि उनके परिचित उनके मुख से सब सुनने को बेताब थे।

ध्यानचंद झाँसी स्टेशन पर उतरे तो वहाँ लोगों की भीड़ देखकर दंग रह गए। लोगों ने उन्हें पुष्पमालाओं से लाद दिया। हॉकी की स्टिकों को मिलाते हुए एक प्रवेश-द्वार बनाया गया और ध्यानचंदजी को उनके नीचे से ले जाते हुए घर तक एक भव्य जुलूस निकाला गया। भले ही देश-विदेश में व्यक्ति के नाम का डंका बज जाए, परंतु जब उसे अपने ही लोगों का आदर-मान मिलता है तो दुनिया का कोई भी मान-सम्मान उसकी तुलना नहीं कर सकता।

झाँसी में अनेक स्थानों पर उनके सम्मान में दावत व भोज आयोजित किए गए। मित्रों व संबंधियों से मिलने के बाद हीरोज क्लब के सदस्यों की बारी आई। झाँसी के मैकडोनल हाई स्कूल ने उनके सम्मान में आधे दिन का अवकाश घोषित कर दिया। यह ध्यानचंद और उनके भाई रूपसिंह के नाम बहुत बड़ा सम्मान था। वे दोनों अभिभूत हो उठे।

□

14

झाँसी की सुखद स्मृतियाँ

जब भी कोई बात कहीं से उठती है तो उसे लोगों के बीच दावानल की तरह प्रचारित होते देर नहीं लगती। यहाँ भी ऐसा ही कुछ हुआ। पूरी झाँसी में लोग दबे स्वरों में चर्चा कर रहे थे कि ध्यानचंद को रेलवे की ओर से एक बहुत अच्छे पद की पेशकश आई है और सुना है कि वे उस पद के लिए सेना की नौकरी छोड़ने जा रहे हैं। यद्यपि यह बात असत्य नहीं थी। वास्तव में श्रीमान हेमैन ने ध्यानचंद को रेलवे में काम देने की पेशकश की थी, किंतु वे कोई ठोस निर्णय नहीं ले पा रहे थे।

लाहौर में उनकी भेंट जनरल डंकन से हुई थी और उन्होंने आश्वासन दिया था कि वे सेना का नाम रोशन करनेवाले जवान का पूरा ध्यान रखेंगे। सेना से ही ध्यानचंद अपनी हॉकी के साथ मैदान में उतरे थे, इसलिए भी वे इतनी सरलता से अपनी फौज का मोह छोड़ नहीं पा रहे थे। उन्होंने उस समय बड़ी विनम्रता से श्री हेमैन को इनकार कर दिया और बाद में उन्हें अपने इस निर्णय के लिए प्रसन्नता भी हुई, क्योंकि जनरल डंकन अपने वचन का पालन करने में पीछे नहीं रहे थे। उन्हें आगे चलकर सेना में कई उच्च पदों की प्राप्ति हुई और वे 'मेजर ध्यानचंद' के रूप में सेवानिवृत्त हुए।

झाँसी क्लब के साथ उनकी बहुत सी सुनहरी यादें जुड़ी हुई थीं। दरअसल ध्यानचंद हमेशा से ही 'बीटन कप' जीतना चाहते थे, क्योंकि उनका मानना था कि यदि कोई सर्वोत्कृष्ट हॉकी खिलाड़ी है तो उसकी टीम के पास निश्चित रूप से बीटन कप होना ही चाहिए। इसे वे स्तरीय हॉकी का मापदंड मानते थे और उनके जीवन में वह अवसर आ ही गया, जब वे अपने चिर वांछित स्वप्न को साकार करने जा रहे थे।

सन् 1933 में खेले गए इस मैच को वे अपने जीवन का सर्वोत्तम मैच मानते थे। वह मैच कलकत्ता कस्टम व हीरोज क्लब की ओर से खेला गया था। ध्यानचंद ने हीरोज क्लब की ओर से वह मैच खेला। उस टूर्नामेंट में पाँच मैच खेले गए। वे मैच चार दिनों में खेले गए थे। दो मैच दिन में सुबह-शाम खेले गए थे।

ध्यानचंद उन दिनों अपनी ड्यूटी पर थे। वे इस टूर्नामेंट के बहुत बड़े प्रशंसकों में से थे। सन् 1895 से प्रारंभ हुआ यह टूर्नामेंट बिना किसी बाधा के चलता आ रहा था। यहाँ तक कि विश्व युद्ध भी इसे किसी भी तरह प्रभावित नहीं कर सका। जापानी बमों के धमाके भी कलकत्तावासियों के हॉकी-प्रेम को दबा नहीं सके। यह खेल बदस्तूर खेला जाता रहा।

जब ध्यानचंद को इसके लिए खेलने का अवसर मिला तो उन्होंने मन-ही-मन प्रार्थना की कि उन्हें इस मैच के लिए अवकाश अवश्य मिल जाए। यह तो सभी जानते ही हैं कि प्राय: सेना में अवकाश इतनी आसानी से नहीं मिलता। यद्यपि उन्हें अवकाश मिल भी गया और वे कलकत्ता पहुँच गए, ताकि वहाँ बीटन कप के लिए खेल सकें।

उनके जीवन के बड़े सपनों में से एक साकार होने जा रहा था, परंतु कहते हैं न कि सपनों को पूरा करने के लिए बहुत कुछ बलिदान भी करना पड़ता है। ध्यानचंद भी बहुत प्रतिकूल परिस्थितियों से घिर गए थे।

कलकत्ता में वे पंकज गुप्ताजी के साथ ठहरे थे तथा शेष टीम

भारतीय होटल में थी। चार मैच बहुत ही रोमांचक तरीके से खेले जा चुके थे और सभी अंतिम व निर्णायक मैच की व्यग्रता से प्रतीक्षा कर रहे थे। न केवल दर्शक अपितु खिलाड़ी भी इस मैच को लेकर बहुत उत्साहित थे। हर कोई चाहता था कि जल्दी से अंतिम मैच हो और यह पता लगे कि बीटन कप पुरस्कार पाने का अधिकारी कौन है।

कलकत्ता कस्टम टीम कोई ऐसी-वैसी टीम न थी। उसमें असर अली, क्लॉड डीफ, शौकत अली, मोहसिन तथा सीर्मन जैसे दिग्गज खिलाड़ी शामिल थे। उसे पूरे कलकत्ता में हॉकी की सबसे बेहतरीन टीम माना जाता था। उनसे मैच जीतने का आनंद ही कुछ और होता। मैच आरंभ होने से ठीक पहले ध्यानचंद को भयंकर पेचिश हो गई। उनमें सिर उठाने की भी ताकत नहीं थी। दुर्बलता के आधिक्य के कारण खड़े होने से सिर चकरा रहा था; परंतु उनका मन तो मैदान की ओर भाग रहा था। उन्होंने कई वर्षों तक यह सपना देखा था कि एक दिन बीटन कप उनके हाथों में होगा। आज जब यह अवसर हाथ आया था तो अचानक सामने आ गए रोग के कारण बाधा खड़ी हो गई थी।

इधर झाँसी हीरोज की टीम में उनके सिवा रूपसिंह व इस्माइल अच्छे खिलाड़ी थे। टीम में बाकी खिलाड़ी अनुभवी नहीं थे, इसलिए कस्टम टीम उन पर भारी थी। ऐसे में वे स्वयं को टीम से दूर कैसे रख सकते थे। उन्होंने अपनी टीम को 'करो या मरो' का नारा दिया और वे सब मैदान में आ पहुँचे।

कस्टम टीम का दबाव कुछ कम न था, परंतु अचानक ही ध्यानचंद अग्रिम पंक्ति को काटते हुए आगे आए और मध्य मैदान से एक सीधा पास इस्माइल को दे दिया। इस्माइल ने उसका पूरा लाभ उठाया और गोल कर दिया। वे लोग जीत गए। उस खेल में ध्यानचंद ने एक भी गोल नहीं किया था; परंतु उनके द्वारा दिया गया पास ही निर्णायक गोल में तब्दील हो गया। कलकत्ता निवासियों ने उनकी जीत पर दिल खोलकर जश्न मनाया। दावतों व रात्रिभोजों की बाढ़-सी आ गई। कलकत्तावाले

तो यों भी खेल-प्रेमी थे। उनके लिए तो जीत का जश्न बड़ी बात थी, भले ही वह कलकत्ता कस्टम की हो या झाँसी हीरोज की।

भारत की दो प्रसिद्ध ट्रॉफियाँ हाथ में करने के बावजूद उनके पास झाँसी वापसी के लिए टिकटों का आरक्षण तक नहीं था। सभी खिलाड़ी अपनी जीत के नशे में मस्त थे। भला किसी को भी यह चिंता ही कहाँ थी कि घर वापस कैसे लौटना है। वे सभी तृतीय श्रेणी के डिब्बे में यात्रा करते हुए लौटे, जो यात्रियों से खचाखच भरा हुआ था।

झाँसी अपने हीरोज का स्वागत करने के लिए बाँहें पसारे खड़ी थी, जो अपने साथ सर्वश्रेष्ठ हॉकी का प्रतीक बन चुका 'बीटन कप' लेकर आए थे। वहाँ के निवासियों ने उनका भावभीना स्वागत किया।

उस वर्ष उनके हाथों में केवल बीटन कप ही नहीं आया था, हीरोज क्लब ने कलकत्ता में लक्ष्मी विलास कप टूर्नामेंट भी खेला था, जो केवल भारतीय टीमों के लिए ही था। वे लोग उसमें भी विजयी रहे थे। इसके बाद के वर्षों में भी ध्यानचंद को 'बीटन कप' में खेलने का अवसर मिलता रहा और वे अपनी ओर से टीम को जिताने की कोशिश करते रहे। □

15

हॉकी टीम की कप्तानी

श्री सोंधी ने सन् 1934 में पश्चिमी एशियाई खेलों का आयोजन किया। यह नई दिल्ली के इनविन एंफी थिएटर में आयोजित किए गए थे। खेल-कूदों की इस प्रतियोगिता में हॉकी को भी शामिल कर लिया गया था, परंतु यही एक मैच ध्यानचंद के जीवन का ऐसा पहला मैच बना, जिसमें उन्होंने कप्तान का पद सँभाला।

इस हॉकी प्रतियोगिता में भारत, श्रीलंका व अफगानिस्तान ने भाग लिया था तथा भारत ने केवल एक ही मैच खेला था, जो कि अफगानिस्तान के विरुद्ध खेला गया था। ध्यानचंदजी ने कप्तान का पदभार सँभाला। उस हॉकी टीम के अधिकतर खिलाड़ी पंजाब व मानवदार रिसायत से चुने गए थे। केवल ध्यानचंद ही एकमात्र ऐसे व्यक्ति थे, जिन्हें सेना से चुना गया था।

इस टीम की एक विशेषता यह भी थी कि मानवदार के नवाब भी हॉकी टीम में खेल रहे थे। यह राजाओं तथा नवाबों की नवाबी का युग था, इसलिए किसी नवाब का हॉकी खेलना भी लोगों के लिए आश्चर्य का विषय था।

मानवदार के नवाब साहब ध्यानचंदजी के नेतृत्व में हॉकी खेले।

उनके अतिरिक्त टीम में गुरुचरन सिंह, मुहम्मद हुसैन, चरनजीत, ओमप्रकाश, रूपसिंह आदि खिलाड़ी शामिल थे। यह मैच 2 मार्च को खेला गया तथा भारत ने अफगानिस्तान को शून्य के मुकाबले 5 गोलों से परास्त किया। एक बार उन्होंने इन क्षणों को स्मरण करते हुए कहा था, ''मैं तो यही सोचा करता था कि मेरी सीमित शैक्षिक योग्यता तथा रेजीमेंट में मेरा रैंक ही भारतीय हॉकी टीम की कप्तानी और मेरे बीच की बाधा बन जाएँगे, फिर भले ही मैंने हॉकी में जो भी उपलब्धियाँ प्राप्त की हों। अत: जब मुझे यह पता चला कि मुझे पश्चिमी एशियाटिक खेलों के लिए कप्तान का पद सौंपा गया है तो मैं प्रसन्न होने के साथ-साथ आश्चर्यचकित भी हो उठा।''

वर्ष 1930 के दशक के मध्य तक ध्यानचंद का खेल एवं उनकी तकनीक खेल-प्रेमियों के बीच चर्चा का विषय बन चुके थे। समाचार-पत्रों व पत्रिकाओं में अकसर उनकी खेल-प्रतिभा व रिकॉर्डों के विषय में लेख प्रकाशित होते और उनकी ढेरों प्रशंसा की जाती। ध्यानचंद की हॉकी खेल तकनीक का वर्णन कर पाना असंभव था। यहाँ तक कि जिन लोगों ने उन्हें प्रत्यक्ष रूप से खेलते देखा था, वे भी नहीं बता सकते थे कि अगले ही पल वे मैदान में कौन सा दाँव-पेंच दिखाने वाले हैं।

दिसंबर 1934 में भारतीय ओलंपिक संघ ने निर्णय लिया कि नए साल में भारतीय हॉकी टीम को न्यूजीलैंड के दौरे पर भेजा जाए। ध्यानचंद उन दिनों रेजीमेंट में थे। एक दिन उन्हें समाचार-पत्र से पता चला कि वे भी न्यूजीलैंड दौरे के लिए टीम में चुने गए हैं। वे तो यह जानकर मुदित हो उठे। दरअसल न्यूजीलैंड के साथ उनकी बहुत सी मीठी यादें जुड़ी हुई थीं।

उस दौरे के लिए जिन खिलाड़ियों का चयन किया गया था, वे सभी अल्पायु के थे और हॉकी के प्रेमियों के लिए अभी उनके नाम अपरिचित ही थे। इसलिए ध्यानचंदजी के मन में हलकी सी घबराहट थी कि क्या वे लोग अपनी कीर्ति-पताका को अक्षुण्ण रख पाएँगे।

उस खेल में खिलाड़ियों के चयन के लिए कोई परीक्षण मैच नहीं थे, इसलिए उनके चयन के लिए एक समिति का गठन किया गया था, जिसमें श्री पंकज गुप्ता, मेजन टनने, प्रो. जगन्नाथ, डॉ. एम.एन. मसूद, डॉ. ए.सी. चटर्जी उल्लेखनीय थे। उस समिति ने सन् 1935 में जानेवाले न्यूजीलैंड दौरे के लिए निम्नलिखित हॉकी खिलाड़ियों का चयन किया—

गोल रक्षक

टी. ब्लेक (सिंध)
एन. मुखर्जी (बंगाल)

बैक

पी. दास (बंगाल)
मुहम्मद हुसैन (मानवदार)
रशीद अहमद (पंजाब)

हाफ बैक

ई. नेस्टर (बंगाल)
एम.एन. मसूद (मानवदार)
एम.जे. गोपालन (मद्रास)
मोहम्मद नईम (पंजाब)

फॉरवर्ड

शहाबुद्दीन (मानवदार)
फ्रैंक वेल्स (बंगाल)
एल. डेविडसन (बंगाल)
ध्यानचंद (सेना)
रूपसिंह (ग्वालियर)

पी.पी. फर्नांडीस (सिंध)
हरबेल सिंह (पंजाब)।

मानवदार के नवाब ने जब कप्तानी का पद सँभालने का निमंत्रण ठुकरा दिया तो समिति को लगा कि यह अवसर ध्यानचंदजी को ही दिया जाना चाहिए और वे उस टीम के कप्तान चुन लिये गए।

उस दौरे में कुल 48 मैच खेले गए, उनमें से 28 मैच न्यूजीलैंड में तथा बाकी मैच भारत, श्रीलंका व ऑस्ट्रेलिया में हुए। इस दौरे की सबसे बड़ी खूबी यह रही कि वहाँ प्रत्येक क्षेत्र में खेले गए मैच में भारतीय हॉकी टीम ने ही विजयश्री प्राप्त की।

□

16

जीत नहीं थी आसान

ध्यानचंदजी ने 48 में से 43 मैच खेले तथा 200 से अधिक गोल किए। यहाँ हमें भूलना नहीं चाहिए कि ये मैच न्यूजीलैंड तथा ऑस्ट्रेलिया के खराब तथा बारिश के कारण कीचड़ से भरे मैदानों में खेले गए थे। भारतीय हॉकी खिलाड़ी जिस शैली में हॉकी खेलते थे, उसके लिए तो वे मैदान बिलकुल ही अनुपयुक्त थे। वे लोग कई खेल तकनीकों का तो प्रयोग ही नहीं कर पाते थे।

सर्दी के मौसम में कँपकँपा देनेवाली शीत लहर के बीच वहाँ जाना और खेलना एवं जीतकर आना आसान नहीं था; परंतु उस देश के वासियों के स्नेह तथा अतिथि-वत्सलता ने भारतीय हॉकी खिलाड़ियों का मन मोह लिया। वे लोग जलवायु से उत्पन्न सभी कष्टों को भूल गए और खेलों में अपना बेहतरीन प्रदर्शन किया।

दरअसल यह दौरा एक तरह से और भी अच्छा रहा, क्योंकि भारतीय हॉकी टीम ने ऐसे देशों व इलाकों का भी भ्रमण किया, जिनके लिए भारत का ज्ञान बिलकुल नया था या वे उसके विषय में बहुत कम जानते थे। कई क्षेत्रों में तो ऐसे लोग रह रहे थे, जो मूल रूप से भारतीय थे और वहाँ जाकर बस गए थे। उन लोगों का उत्साह तो देखते ही

बनता था। उन्होंने भारतीय हॉकी खिलाड़ियों के स्वागत में पलक पाँवड़े बिछा दिए।

भारतीय टीम की यात्रा बहुत सुखद रही और उन्हें बहुत कुछ देखने-जानने का अवसर मिला। उन्हें अपने जहाज में कई तरह के पारंपरिक उत्सव देखने को मिले। वे अकसर स्वयं को फिट रखने के लिए पी टी करते या डैक खेलों में हिस्सा लेते।

उनकी इस यात्रा के दौरान विविध ऑस्ट्रेलियाई हॉकी एसोसिएशनों ने उन्हें वायरलेस से संदेश भिजवाए कि वे उनके साथ प्रत्येक बंदरगाह पर मैच खेलें। उन्हें पर्थ, एडिलेड, मेलबॉर्न तथा सिडनी से होकर निकलना था। चूँकि वे न्यूजीलैंड के मेहमान थे, इसलिए उन्होंने सोचा कि अपने मेजबानों को सूचित किए बिना इस तरह मार्ग में मैच खेलना उचित नहीं होगा। उन्होंने इस बारे में न्यूजीलैंड हॉकी एसोसिएशन से बात की—और वे सहर्ष मान गए।

27 अप्रैल को यह दल फरमैंटल पहुँचा और वहाँ उसकी भेंट पश्चिमी ऑस्ट्रेलिया हॉकी एसोसिएशन के प्रतिनिधि से हुई, जो उन्हें सड़क मार्ग से पर्थ ले गए। पर्थ शहर की सुंदरता ने सबको मोहित कर लिया।

भारतीय टीम ने क्लेयरमॉण्ट शो ग्राउंड में पश्चिमी ऑस्ट्रेलिया एकादश के खिलाफ मैच खेला और बहुत ही आसानी से जीत उनकी झोली में आ गई। इस मैच में ध्यानचंद ने 6 गोल किए। उसी रात पश्चिमी ऑस्ट्रेलिया हॉकी एसोसिएशन की ओर से एक शानदार रात्रिभोज का आयोजन किया गया और इसके बाद भारतीय हॉकी टीम एडिलेड रवाना हो गई। वहाँ 2 मई को लॉर्ड मेयर ने उन सबका अभिनंदन किया। पंकज गुप्ता के आग्रह पर उन्होंने डॉन ब्रॉडमैन को संदेश भिजवाया और वे कुछ ही समय में भारतीय हॉकी खिलाड़ियों के बीच थे। सभी खिलाड़ी क्रिकेट के महान् व्यक्तित्व से मिलकर झूम उठे। सबने उनके साथ समूह चित्र खिंचवाया, जो आनेवाले वर्षों में भी ध्यानचंदजी के

प्रिय चित्रों में से रहा।

उसी शाम भारतीय हॉकी टीम ने दक्षिण ऑस्ट्रेलिया को 1 के मुकाबले 10 गोलों से शिकस्त दी। क्रिकेट मैदान पर खेले गए इस हॉकी के मैच को देखनेवाले दर्शकों में डॉन ब्रॉडमैन भी शामिल थे। यह उनके जीवन का पहला हॉकी मैच था, जिसे वे प्रत्यक्ष देख रहे थे। इतनी बड़ी खेल हस्ती की उपस्थिति में मिली जीत ने जीत का उत्साह दुगुना कर दिया था। उस दिन दो दिग्गज आमने-सामने थे। जिस तरह डॉन ब्रॉडमैन क्रिकेट के महान् खिलाड़ी माने जाते थे, उसी तरह ध्यानचंद भी विश्व हॉकी के देदीप्यमान सितारे बन चुके थे।

इसके बाद नगर भ्रमण के पश्चात् टीम मेलबॉर्न के लिए रवाना हो गई। वे लोग वहाँ 4 मई को पहुँचे। वहाँ विक्टोरिया के खिलाफ एक मैच खेला गया और उसे 15-4 से हरा दिया गया। इसके बाद भारतीय हॉकी टीम सिडनी पहुँची। वहाँ सिडनी महानगर एकादश के विरुद्ध खेले गए मैच में उसे 4 के मुकाबले 11 गोल से परास्त किया गया। किंग्स क्रॉस के छोटे से निजी होटल में भारतीय टीम ने कुछ और दिन सिडनी में ही बिताए। फिर वे सभी सिडनी से वेलिंगटन के लिए रवाना हुए।

टीम 13 मई को वेलिंगटन पहुँची तो वहाँ जॉर्ज पंचम का समारोह चल रहा था। साथ ही भारतीय हॉकी टीम के आने का उत्साह भी उसमें शामिल हो गया। अगली सुबह पूरी टीम को राजकीय सम्मान प्रदान किया गया। नगर मेयर ने सबका नागरिक अभिनंदन किया। यह यात्रा-चरण बहुत ही व्यस्त रहा और अनेक मैच खेले गए। उत्तरी द्वीप में टीम ने 9 मैच खेले और उन सभी में जीत हासिल की। 19 मई को पावर्टी बे के साथ हुए मैच के बाद केटी में रहनेवाले माओरियों (एक जाति-समूह के लोग) ने भारतीय टीम का भावभीना स्वागत किया। उन्होंने पारंपरिक रूप से 'हाका' स्वागत पद्धति से भारतीयों का मनोरंजन किया।

माओरी जाति के लोगों ने कहा कि वे मूल रूप से भारतीय ही हैं। उनके पूर्वज अनेक वर्षों पूर्व विदेशों में आ बसे थे। वे चाहते थे कि

भारतीय हॉकी टीम उनके साथ एक मैत्रीपूर्ण मैच खेले। वहाँ भी भारतीय हॉकी टीम ने सौजन्य का प्रदर्शन करते हुए पहले न्यूजीलैंड हॉकी एसोसिएशन से अनुमति ली और उनके हामी भरने के बाद ही यह मैच खेला गया।

इस अवसर पर माओरी लोगों ने भारतीयों को बहुत ही सुंदर कशीदाकारी व नक्काशी से सजा शील्ड भेंट किया, जिसे आगे चलकर उत्तर प्रांतीय चैंपियनशिप की ट्रॉफी के रूप में दिया गया।

□

17

न्यूजीलैंड की बराबरी

2 जून को भारतीय टीम ने क्राइस्टचर्च को पार किया। पूरा न्यूजीलैंड शीत लहर की चपेट में था। ओमारू से गोरे जाते समय वे सभी एक बर्फीले तूफान में घिर गए। वे लोग बहुत ही कठिनाई से गोरे पहुँचे। अगले दिन जब सभी खेल के मैदान में गए तो पाया कि वह तो कमर-कमर तक बर्फ से घिरा था। वहाँ खेलना मुश्किल था। 22 जून को क्राइस्टचर्च के लैंस्टर पार्क में पहला टेस्ट खेला गया। सभी खिलाड़ियों को स्कॉटिश सोसाइटी के पाइप बैंड की अगुवाई में मैदान में लाया गया।

यह टेस्ट मैच भारत ने 2 के मुकाबले 4 गोल से जीता। फिर एक औपचारिक रात्रिभोज के बाद पूरी टीम वेलिंगटन के एथलेटिक पार्क के लिए रवाना हो गई। यह मैच टक्कर का रहा। न्यूजीलैंड ने भारतीय टीम को बराबर की टक्कर दी। भारतीय हॉकी खिलाड़ी सतर्क हो गए और जान गए कि वहाँ उन्हें भी मात देनेवाले मौजूद हैं।

कहते हैं कि जब सामनेवाला बराबरी का हो तो खेल का रोमांच दुगुना हो जाता है। उस दिन भारतीय खिलाड़ियों को ऐसा ही एहसास हुआ था। फ्रैंक वेल्स ने पहला गोल किया तथा ध्यानचंद बाकी 2 गोल करने में सफल रहे। बाकी सभी खिलाड़ी भी खेल को सँभालने के लिए

चौकन्ने हो गए और किसी तरह मैच समाप्त हुआ।

तीसरा टेस्ट मैच 20 जुलाई को ऑकलैंड में खेला गया। ऑकलैंड प्रेस के अनुसार, उस दिन मैदान में करीब 12,000 दर्शक उपस्थित थे। इतने दर्शकों के बीच मैच आरंभ हुआ और देखते-ही-देखते न्यूजीलैंड ने एक गोल कर दिया। बस, इसके बाद तो जैसे भारतीय खिलाड़ियों ने मन-ही-मन तय कर लिया कि वे किसी भी हाल में न्यूजीलैंड को एक भी गोल नहीं करने देंगे। अपनी धुन के पक्के भारतीयों ने किया भी वही। उस दिन न्यूजीलैंड को 1 के मुकाबले 7 गोल से पराजित किया गया।

ईडन पार्क में खेले गए इस मैच में फ्रैंक वेल्स ने पहला गोल किया। अगले 2 गोल ध्यानचंद ने किए। चौथा तथा पाँचवाँ गोल उनके भाई रूपसिंह द्वारा किया गया। फ्रैंक वेल्स ने छठा तथा ध्यानचंद ने अंतिम और सातवाँ गोल करते हुए मैच को निर्णायक रूप दे दिया।

भारतीयों ने इस दौरे में 48 मैच खेले और सारे जीते। यह प्रसंग आखिरी मैच से है। न्यूजीलैंड के खिलाड़ियों ने एक चाल चली। उन्होंने मैदान में घास को काटे बिना छोड़ दिया और केवल 'डी' के हिस्सेवाली घास काट दी गई। उन्होंने सोचा था कि लंबी घास होने से उनके विपक्षी अच्छी तरह से खेल नहीं सकेंगे और उनके खेल में बाधा आ जाएगी; परंतु वे कहाँ जानते थे कि उनका पाला किन धुरंधरों से पड़ा है। ध्यानचंद व रूपसिंह ने भी एक तरीका खोज निकाला। उन्होंने जितना संभव हो सका, गेंद को हवा में ही रखा और एक से दूसरी हॉकी तक गेंद हवा में उछालते रहे। इस तरह वे गोल तक जा पहुँचे।

ध्यानचंद ने गोलकीपर को पार करने के लिए गेंद को एक जोरदार हिट दिया; परंतु उसने पूरी फुरती दिखाते हुए गेंद को बीच में ही रोक दिया।

कुछ समय बाद ध्यानचंद फिर से गेंद के साथ गोल की ओर दौड़े और एक जोरदार हिट मारा।

यह क्या···! इस बार भी गोलकीपर गेंद को रोकने में सफल रहा।

वे उससे बोले, ''बहुत अच्छे! पर अगली बार भी तुम मेरा गोल

रोकने में सफल रहे तो मैं हमेशा के लिए हॉकी खेलना छोड़ दूँगा।''

गोलकीपर ने अपनी जीत के नशे में चूर होकर जवाब दिया, ''देख लेंगे, सर!''

जल्द ही ध्यानचंद फिर से अपनी गेंद को हॉकी के साथ नचाते हुए गोल की ओर आते दिखाई दिए। वे पूरे वेग से आगे बढ़ रहे थे। इस बार उन्होंने गोलकीपर को ऐसा चकमा दिया कि वह उनकी रणनीति भाँप ही नहीं सका। ध्यानचंद ने गोल कर दिखाया था।

विदेश में एक स्थानीय समाचार-पत्र ने उनकी प्रशंसा में कहा था—

'भारत के इन अद्‌भुत पुत्रों ने यह कैसे कर दिखाया, हमें तो यह सोचकर भी विस्मित रह जाना पड़ता है। उनका खेल जितना देखो, उस पर उतना ही मुग्ध होने को जी चाहता है। उनकी अनंत क्षमता के आगे व्यक्ति दंग रह जाता है। इन्होंने हॉकी के खेल को एक फाइन आर्ट में बदल दिया है। यदि सादगी ही कला का उच्चतम रूप है तो ये भारतीय हॉकी में संपूर्णता की पराकाष्ठा तक जा पहुँचे हैं।'

भारतीय सपूतों ने अपनी शक्ति, ऊर्जा, खेल प्रतिभा व तकनीक का अभूतपूर्व प्रदर्शन करने के बाद 26 जुलाई को स्वदेश वापसी के लिए यात्रा आरंभ की। वे लोग ऑस्ट्रेलिया में बहुत कम समय के लिए ठहरे और वहाँ एक मैच खेलते हुए आगे चल दिए।

सीलोन में 3 तथा मद्रास में 2 मैच और खेले गए। 10 सितंबर, 1935 को सभी खिलाड़ी अपने-अपने गंतव्यों की ओर रवाना हुए, परंतु इससे पहले मद्रास में उनका धूमधाम से स्वागत किया गया। मानवदार के नवाब ने अपने निजी सचिव एम.एम. मसूद के हाथों सभी खिलाड़ियों को एक फाउंटेन पेन का उपहार दिया। वे खेल के दौरान ध्यानचंद के उप-कप्तान भी रहे थे। ध्यानचंद को विशेष रूप से एक कैमरा उपहार में दिया गया।

यदि कैमरे की बात आ ही गई है तो आपको बता दें कि ध्यानचंद फोटोग्राफी के बेहद शौकीन थे। भले ही उनके पास बहुत अच्छी गुणवत्ता

का कैमरा खरीदने के साधन नहीं थे, परंतु वे पुराने निजी कैमरे से भी अच्छी तसवीरें निकालने का कोई मौका नहीं छोड़ते थे।

फोटोग्राफी के अलावा उन्हें खाना पकाने का भी बेहद शौक था। अकसर लोग उनकी इस रुचि के विषय में नहीं जानते। जब भी समय पाते, वे अपने मित्रों तथा परिवारजन को अपने हाथों से कुछ-न-कुछ पकाकर खिलाते थे। इसी तरह उन्हें हॉकी खेलने के अतिरिक्त शिकार का भी बेहद शौक था। उन दिनों सरकार ने शिकार खेलने पर पाबंदी नहीं लगाई थी। उनके पास लाइसेंसशुदा बंदूक थी और वे अवसर पाते ही शिकार पर जाना भी पसंद करते।

यों तो किसी खिलाड़ी के लिए सभी खेल बेहद प्रिय होते हैं, परंतु कोई-कोई खेल दिल के बेहद करीब होता है। ध्यानचंदजी को भी हॉकी के अलावा बिलियड्र्स खेलना पसंद था। वे जब भी झाँसी जाते तो देर रात तक बिलियड्र्स खेला करते। वे एक सादगी-पसंद व्यक्ति थे। हॉकी के अंतरराष्ट्रीय प्रदर्शन के बाद ध्यानचंद चुपचाप लौटकर अपनी रेजीमेंट के काम में लीन हो जाते। वे बहुत सामाजिक किस्म के लोगों में से नहीं थे। जब भी किसी समारोह में जाते तो शीघ्र ही वहाँ से लौट आते। अपने व अपने खेल के विषय में किसी भी तरह की प्रशंसा या अपने मुँह मियाँ मिट्ठू बनना उन्हें बिलकुल पसंद नहीं था। उन्हें बचपन से सिखाया गया था कि किसी भी तरह के प्रचार या आडंबर से दूर रहकर अपने कर्तव्य का पालन करना चाहिए और वे यही करते थे। यदि कोई उनके सामने उनकी प्रशंसा करता भी तो वे सकुचाकर बात बदल देते।

जब वे खेल या अपनी ड्यूटी के दौरान नहीं होते थे तो धोती व कुरता ही उनकी प्रिय पोशाक होती थी।

□

18

बर्लिन ओलंपिक की कप्तानी

न्यूजीलैंड दौरे से लौटने के बाद हमेशा की तरह ध्यानचंद ने कुछ समय अपने परिवार व इष्ट मित्रों सहित झाँसी में बिताया। वे लोग भी हमेशा की तरह अपने हीरो के मुँह से उनकी विदेश-यात्रा तथा खेल अनुभवों के संस्मरण सुनने को लालायित रहते।

यहाँ एक प्रसंग स्मरण आ रहा है, जो स्वयं ध्यानचंदजी ने अपनी आत्मकथा 'गोल' में दिया था। उनके एक खिलाड़ी मित्र थे गोपालनजी। वे अपनी विदेश-यात्रा से लौटने के बाद रामेश्वरम में जाकर स्नान करते थे, ताकि समुद्र पार करने के दोष से मुक्ति पा सकें। यहाँ इस प्रसंग को देने का तात्पर्य है कि पाठकों को बताया जा सके कि खिलाड़ियों में खेल की भावना इतनी प्रबल थी कि वे शास्त्रों में निषिद्ध कार्य करने के लिए भी प्रस्तुत थे, परंतु अपने देश का नाम किसी भी तरह रोशन करना चाहते थे।

ध्यानचंद वापस अपने काम पर लौट गए और उसी तरह अपने हॉकी के अभ्यास को जारी रखा। कहते हैं कि अच्छी-से-अच्छी तलवार की धार भी रखे-रखे कुंद हो जाती है। उन्हें अच्छी तरह पता था कि किसी भी खिलाड़ी के जीवन में खेल के अभ्यास का क्या महत्त्व होता

है। इतना नाम व यश पा लेने के बाद भी उनके मन में लेश मात्र भी अहंकार नहीं आया था। वे अब भी अपने आपको हॉकी के मैदान का एक साधारण खिलाड़ी ही मानते थे।

दिसंबर 1935 में भारतीय हॉकी संघ की एक बैठक में निर्णय लिया गया कि अगले वर्ष बर्लिन में होनेवाले ओलंपिक में हिस्सा लेने के लिए भारतीय हॉकी टीम को भेजा जाना चाहिए।

यह निर्णय लेते ही परीक्षण मैचों की चर्चा होने लगी और तय किया गया कि हर बार की तरह इस बार भी कलकत्ता में ही अंतरप्रांतीय टूर्नामेंट किए जाएँ। बंगाल हॉकी संघ कभी भी ऐसा उत्तरदायित्व लेने में संकोच नहीं करता था और बहुत ही खुले दिल से सभी खिलाड़ियों का स्वागत करता। हॉकी के क्षेत्र में उसके अप्रतिम व अद्‍भुत योगदान को कभी भुलाया नहीं जा सकता। भारतीय हॉकी संघ ने सेना खेल-कूद नियंत्रण बोर्ड को लिखा—

'कृपया ध्यानचंदजी को अवकाश प्रदान करें, ताकि वे वर्ष 1936 के बर्लिन ओलंपिक में भाग लेने हेतु हो रहे परीक्षण मैचों में भाग लेकर अपनी पात्रता सिद्ध कर सकें।'

यह पढ़ते ही बोर्ड ताव खा गया। भला ध्यानचंद जैसे खिलाड़ी को किसी भी तरह की पात्रता सिद्ध करने की क्या आवश्यकता थी। क्या उनके पिछले खेले गए सभी मैच इस बात के प्रमाण नहीं थे कि वे हॉकी के महान् खिलाड़ियों में से हैं! ध्यानचंद की तैनाती उन दिनों फ्रंटियर पर थी। उन्हें परीक्षण मैचों में नहीं भेजा गया। किंतु परीक्षण मैचों में खेलने के बाद ही खिलाड़ी का चयन संभव हो सकता था।

परिणाम? वर्ष 1936 के बर्लिन ओलंपिक खिलाड़ियों की सूची आई तो उसमें ध्यानचंद का नाम ही नहीं था। जब लोगों को पता चला कि उनके प्रिय हॉकी खिलाड़ी ध्यानचंद को टीम में शामिल ही नहीं किया गया तो उनके बीच निराशा फैल गई। साफ दिखाई दे रहा था कि वे किसी भी हाल में बर्लिन ओलंपिक से मेडल नहीं ला सकते थे।

लोगों का कहना सही था कि यदि भारत ने अपनी भूल न सुधारी तो उसे इसके बहुत बड़े परिणाम भुगतने होंगे।

भारतीय हॉकी संघ ने एक बार फिर सेना के बोर्ड से संपर्क किया और इस बार ध्यानचंद को दिल्ली भेज दिया गया। अभी भारतीय टीम के कप्तान का पद खाली था। सैयद मोहम्मद जफर उस पद के दावेदार थे, परंतु उन्होंने ध्यानचंद के समर्थन में अपना नाम वापस ले लिया। भारतीय हॉकी संघ के अध्यक्ष जगदीश प्रसाद ने कभी प्रत्यक्ष रूप से ध्यानचंदजी से भेंट नहीं की थी; परंतु वे उनकी योग्यता से भलीभाँति परिचित थे, इसलिए उन्हें टीम की कप्तानी ध्यानचंद को सौंपने में तनिक भी संकोच नहीं हुआ। यदि ध्यानचंद को बर्लिन न भेजा गया होता तो उस ओलंपिक के परिणाम कुछ और ही होते। जो भी होते, परंतु भारत के लिए तो अनुकूल कभी न होते।

यद्यपि ध्यानचंद को यह बात बिलकुल पसंद नहीं थी कि उन्हें परीक्षण मैच खेले बिना ही टीम में शामिल किया जाए, परंतु वे इस विषय में कुछ नहीं कह सकते थे। उच्च अधिकारियों के निर्णय के आगे वे विवश थे।

बर्लिन ओलंपिक में कप्तान का पद पाकर ध्यानचंदजी झूम उठे। यह उनके जीवन की आकांक्षा रही थी कि उन्हें एक कप्तान के रूप में अपने देश की हॉकी टीम का प्रतिनिधित्व करने का अवसर मिले। उनके भाई रूपसिंह को भी उस टीम में चुना गया था।

□

19

टीम का चयन

कलकत्ता के अंतरप्रांतीय टूर्नामेंट में कुल तेरह टीमों ने हिस्सा लिया। उनमें से प्रत्येक टीम से एक प्रतिनिधि का चयन हुआ और बर्लिन ओलंपिक खेलों के लिए 17 सदस्यों की टीम की घोषणा की गई।

बर्लिन जाने से कुछ दिन पूर्व ही ध्यानचंदजी का जानकी देवी से विवाह हुआ था। नववधू को गर्व था कि उसका पति देश का नाम रोशन करने के लिए विदेश जा रहा है। एक बात तो वह पहले ही दिन से समझ गई थीं कि उनके खिलाड़ी पति पर खेल का भी उतना ही दावा था और उन्हें हमेशा यह तथ्य स्मरण रखना होगा।

ओलंपिक जानेवाली टीम में निम्नलिखित खिलाड़ी शामिल थे—

गोलरक्षक

आर.जे. एलन (बंगाल)

बैक

सी. तापसेल (बंगाल)

मोहम्मद हुसैन (मानवदार)

गुरचरन सिंह (पंजाब)
जो फिलिप्स (बंबई)

हाफ बैक

ई.जे.सी. कुलन (मद्रास)
एम.एन. मसूद (मानवदार)
बाबू निमाल (बंबई)
जो गैलीबार्डी (बंगाल)
एहसान मुहम्मद खान (भोपाल)

फॉरवर्ड

आई.सी. इमेट (बंगाल)
शहाबुद्दीन (मानवदार)
ध्यानचंद (सेना)
रूपसिंह (संयुक्त प्रांत)
सैयद मुहम्मद जफर (पंजाब)
पीटर पॉल फर्नांडीज (सिंध)।

पूरी टीम को दिल्ली में एकत्र होने के आदेश दिए गए थे। 16 जून को सभी खिलाड़ी दिल्ली पहुँचे। टीम ने मोरी गेट मैदान पर दिल्ली हॉकी एकादश से मैच खेला और उस मैच में उन्हें पराजय का मुँह देखना पड़ा। यह कैसा अशुभ आरंभ था। सभी खिलाड़ी हतोत्साहित हो उठे।

सबसे अधिक चिंतित व तनावग्रस्त तो स्वयं ध्यानचंद थे। इस बार तो पूरी टीम उनकी कप्तानी में विदेश जा रही थी और टीम की हार उनकी अपनी हार होती, उनकी अपनी जिंदगी की सबसे बड़ी पराजय, जिससे वे चाहकर भी कभी नहीं उबर पाते।

उन्हें यही लग रहा था कि उनकी टीम द्वारा पहले ही मैच में

पराजय एक अच्छा संकेत नहीं था। वे लोग तो इतने बड़े ओलंपिक में भाग लेने जा रहे थे और पहले ही मैच में खिलाड़ियों का मनोबल टूट-सा गया था।

दरअसल वे लोग हर मैच जीतते ही आए थे, इसलिए उनके पास पराजय के अनुभव ही नहीं थे। कुछ समय बाद ध्यानचंद ने अपने मन को समझाया कि हार और जीत एक ही सिक्के के दो पहलू होते हैं। यदि आज उनकी हार हुई है तो किसी और मैदान में उनकी जीत होगी। यह तो अच्छा ही हुआ कि उन्हें अपने ही देश में पराजय का मुँह देखना पड़ा। और यह तो पहला ही मैच था। इसका मतलब साफ था कि उनके पास अपने आपको सँभालने और अपने हुनर को निखारने का समय था। वे लोग अभी अपनी भूलें सुधार सकते थे।

अपने मन को शांत करने के बाद उन्होंने अपने खिलाड़ियों से यही सब कहा। एक कप्तान पर पूरी टीम का भार होता है। उसे हर दशा में अपने खिलाड़ियों का उत्साह व मनोबल बनाए रखना होता है। यदि खिलाड़ी खेलने से पहले ही हार जाएँ तो खेल में कुछ भी नहीं बचता। उन्होंने खिलाड़ियों को खेल-भावना से खेलने एवं अपनी पराजय को प्रेरणा में बदलने का पाठ पढ़ाया और कुछ ही घंटों में पूरी टीम एक बार फिर से उत्साह से छलछला उठी। वे सब एक बार फिर मैदान में उतरने और विपक्षी टीम को पछाड़ने के लिए प्रस्तुत थे।

हालाँकि उस टीम में अनेक ऐसे खिलाड़ी थे, जो पहली बार विदेश यात्रा पर जा रहे थे और खेल के मैदान से अधिक परिचित नहीं थे, किंतु ध्यानचंदजी के सहज व स्नेही भाव ने सबको शीघ्र ही परम मैत्री की डोर में बाँध दिया।

भारतीय हॉकी टीम झाँसी पहुँची। वहाँ उसने झाँसी हीरोज से मैच खेला और उसे 7 गोलों से पराजित कर दिया। उसी रात सफर करके सभी अगले दिन भोपाल पहुँच गए। भोपाल राज्य एकादश के साथ होनेवाले मैच को देखने के लिए भारी संख्या में दर्शक उपस्थित थे,

जिनमें नवाब साहब तथा भोपाल की बेगम साहिबा भी शामिल थीं। दर्शकों का उत्साह देखते ही बन रहा था। भोपाल को 3 गोल से पराजय का मुँह देखना पड़ा। शाम को भोपाल राज्य हॉकी एसोसिएशन के अध्यक्ष नवाबजादा रशीदउल जफर खान ने अपने खिलाड़ियों के सम्मान में शानदार भोज का आयोजन किया।

अगली सुबह पूरी टीम मद्रास के लिए रवाना हो गई। वहाँ मद्रास इंडियन से खेले गए मैचों में जीत हासिल की। दिल्ली की पराजय का दंश काफी हद तक भुला दिया गया था। अगले दिन ऑल मद्रास से खेले गए मैच में भी उनकी ही जीत हुई।

इसके बाद अगला मैच बंगलौर में हुआ। भारतीय टीम ने उन्हें 4 गोल से पराजित किया। इसके बाद बंबई में ठहरने की योजना थी। वहाँ खिलाड़ियों ने अपने प्रशंसकों के साथ बहुत अच्छा समय व्यतीत किया। उनके मनोरंजन के लिए अनेक कार्यक्रमों का आयोजन किया गया था। कहीं रात्रिभोज होता तो कहीं दोपहर की दावत का निमंत्रण! उन दावतों के बीच जर्मनी के काउंसिल द्वारा दी गई दावत सबसे अद्भुत रही। बाद के वर्षों में भी अकसर खिलाड़ी उसे याद करते थे।

□

20

रनपुरा से यात्रा का आरंभ

27 जून को पी एंड ओ जलपोत रनपुरा से यात्रा का शुभारंभ हुआ। भारतीय ओलंपिक टीम अपनी विजय-पताका फहराने के लिए निकल पड़ी थी। अरब सागर में प्रवेश करते ही समुद्र अपना रूप दिखाने लगा। टीम के दो खिलाड़ी पहली बार विदेश-यात्रा पर निकले थे, इसलिए वे बीमार पड़ गए। बंबई में मानसून आ चुका था, इसलिए समुद्र का मार्ग कठिन हो गया था।

अदन पहुँचने तक समुद्री सफर कष्टकर ही रहा। वहाँ पहुँचने पर खिलाड़ियों ने चैन की साँस ली। 2 जुलाई को वे लोग किनारे पर उतरे और उम्मीद की कि शायद तबीयत सँभलने के बाद कुछ देर के लिए हॉकी अभ्यास का समय मिल जाए।

वहाँ एक सुखद आश्चर्य ध्यानचंद की प्रतीक्षा कर रहा था। उनकी रेजीमेंट उन दिनों अदन में ही थी, इसलिए सेना के अनेक फौजी साथियों से भेंट का अवसर प्राप्त हुआ। अनपेक्षित रूप से किसी नए स्थान पर अपने लोगों से भेंट करने का आनंद ही कुछ और होता है। रेजीमेंट ने सभी खिलाड़ियों को भारतीय भोजन की दावत दी और इसके बाद रेजीमेंट के मैदान में ही हॉकी के अभ्यास का भी समय मिल गया।

अदन से मार्सेल्स की यात्रा तो और भी रोमांचक व सुखद रही। दरअसल उनके साथ मैसूर के महाराजा कृष्ण राजा वाडियार भी यात्रा कर रहे थे। उनके साथ पूरा दल तथा युवराज भी थे। महाराज व हॉकी टीम में शीघ्र ही घनिष्ठता हो गई। वे अपनी चिकित्सा के लिए इंग्लैंड जा रहे थे। उनके दल ने भी खिलाड़ियों का स्वागत किया। महाराज के पास भोजन तैयार करवाने के अपने प्रबंध थे, इसलिए टीम को भी प्रतिदिन उनके यहाँ तैयार हुए भारतीय शाकाहारी व्यंजन खाने का मौका मिलता और कहना न होगा कि कोई भी खिलाड़ी वह मौका छोड़ना नहीं चाहता था। इस तरह यह यात्रा बहुत ही मनोरंजक रही।

ओलंपिक दल 10 जुलाई को मार्सेल्स पहुँचा तो पता चला कि बंदरगाह के अधिकारी हड़ताल पर हैं, अतः उन्हें वहाँ से अपना सामान छुड़वाने तथा कस्टम आदि की सारी औपचारिकता पूरी करने में बहुत समय लग गया। जब आगे की यात्रा की योजना बनी हो तो इस तरह के अप्रत्याशित विलंब से सारी योजना पर पानी फिर जाता है। यहाँ भी वही हुआ।

खिलाड़ियों को उसके आगे का रास्ता सड़क मार्ग से तय करना था और उनकी पेरिस जानेवाली गाड़ी छूट गई। नतीजतन उन लोगों को मार्सेल्स में ही विश्राम लेना पड़ा। अगली सुबह वे लोग पेरिस जानेवाली गाड़ी पर सवार हुए। वे लोग तीसरे दर्जे के डिब्बे में यात्रा कर रहे थे और खिलाड़ी कुछ खाना चाहते थे। पता चला कि गाड़ी में रेस्तराँ कार मौजूद है, परंतु हमारे खिलाड़ियों के पास इतनी धनराशि नहीं थी कि हलके-फुलके नाश्ते के सिवा भी कुछ खा पाते।

ऐसी घटना सुनकर हतप्रभ रह जाना पड़ता है। अपने देश से दूर खिलाड़ियों के पास इतने निजी साधन नहीं होते थे कि वे लोग अपनी इच्छा से कुछ खा-पी तक सकें। काश, उनके पास भी वे सब सुख-सुविधाएँ होतीं, जो आजकल खिलाड़ियों को दी जाती हैं। उनके लिए बाकी सारी बातें गौण थीं। यदि कुछ मायने रखता था तो वह था उनका

खेल और उनके देश का नाम! वे एक पल के लिए भी नहीं भूलते थे कि वे अपने देश का प्रतिनिधित्व कर रहे हैं।

पेरिस में खिलाड़ियों को एफिल टॉवर, नोत्रोडैम तथा आर्क डि ट्रायोम्फ देखने का अवसर मिला। सबने उन स्थानों को दिल खोलकर सराहा। इतिहास के पृष्ठों से निकले वे स्मारक देखकर वे सभी अभिभूत हो उठे।

तीसरे दर्जे के डिब्बे से ही बर्लिन की यात्रा की गई। उस रात ठंड बहुत थी, परंतु खिलाड़ियों के पास सोने के लिए बर्थ नहीं थे। लेकिन वे जिस महान् कार्य के लिए जा रहे थे, केवल उसी को स्मरण कर वे हर परेशानी व दिक्कत को भुला देते थे। वे लोग तो अपने देश के लिए एक मिशन पर निकले थे।

ध्यानचंद अपनी ऐसी हर यात्रा को सेना के एक मिशन के रूप में ही लेते थे, इसलिए राह की कोई भी बाधा उन्हें बाधा लगती ही नहीं थी। हर परेशानी या कठिनाई को वे मिशन का ही एक अंग मानकर संतुष्ट हो जाते, क्योंकि ये सब बातें उनके लिए चिंता का विषय नहीं थीं। उन पर देश के प्रतिनिधित्व का भार था और यह उत्तरदायित्व ही अपने आप में इतना बड़ा था कि इसके सामने सारे कष्ट छोटे जान पड़ते थे।

उन्होंने अपने दल को भी यही संदेश दिया कि उन्हें अपने देश की मान-मर्यादा व प्रतिष्ठा को हर हाल में बनाए रखना होगा, भले ही इसके लिए उन्हें अपने छोटे सुखों व सुविधाओं को तिलांजलि ही क्यों न देनी पड़े। सभी खिलाड़ियों को यह निरंतर याद रखना होगा कि केवल खेल ही उनका एकमात्र लक्ष्य है।

□

21

बर्लिन ओलंपिक 1936

भारतीय टीम जर्मनी पहुँची तो विशाल जन-समूह उनके स्वागत के लिए आया हुआ था। अपने देश से दूर इतने शुभचिंतकों व प्रशंसकों को देख भारतीय हॉकी खिलाड़ी द्रवित हो उठे। अचानक ध्यानचंद ने लक्ष्य किया कि उस भीड़ के बीच कुछ भारतीय भी शामिल हैं। बाद में उन्हें पता चला कि वे लोग स्वतंत्रता सेनानी थे, जो उन दिनों जर्मनी में ही रह रहे थे। वे भारतीय तिरंगे के साथ अपनी हॉकी टीम का स्वागत करने आए थे।

बर्लिन ओलंपिक की संयोजन समिति के अध्यक्ष डॉ. डीम तथा जर्मन हॉकी के अध्यक्ष श्री हर एवर्स ने आधिकारिक रूप से भारतीय ओलंपिक हॉकी टीम का स्वागत किया। जर्मन तानाशाह एडोल्फ हिटलर ओलंपिक को नाजी प्रचार के साधन के रूप में प्रयोग कर रहा था। पूरे बर्लिन में चारों ओर स्वास्तिक के निशान देखे जा सकते थे, जो नाजीवाद के प्रतीक थे। लगातार मार्शल संगीत बजाया जा रहा था। चारों ओर हिटलर की जय-जयकार की गूँज सुनी जा सकती थी।

जैसे ही भारतीय हॉकी टीम यूनियन जैक के तले वहाँ से निकलने लगा तो उन क्रांतिकारियों ने प्रबंधक पंकज गुप्ता तथा ध्यानचंद से

आग्रह किया कि वे यूनियन जैक के बदले अपने तिरंगे के तले खेलें। ध्यानचंद तो स्वयं यही चाहते थे कि उन्हें भारत का परचम फहराने का मौका मिले, पर वे विवश थे। यदि वे ऐसा करते तो पूरी भारतीय टीम को खेल के अयोग्य घोषित कर दिया जाता। भारतीय टीम पर नजर बनाए रखने के लिए ब्रिटिश एंबेसडर को भी जर्मनी भेजा गया था। अंततः यही तय पाया गया कि वे लोग यूनियन जैक के साथ ही वहाँ से रवाना होंगे।

बर्लिन के टाउन हॉल में पूरी टीम का नागरिक अभिनंदन करते हुए उन्हें बर्लिन शहर के बारे में जानकारी देनेवाली सुंदर सजिल्द पुस्तक भेंट की गई। उन्होंने ध्यानचंद को एक ब्रांज मेडल भी भेंट किया।

ओलंपिक गाँव बर्लिन से 20 मील की दूरी पर था। सभी खिलाड़ियों को एक शानदार बस में वहाँ ले जाने का प्रबंध किया गया था। वे लोग वहाँ पहुँचे तो पक्की ईंटों व स्टील से बना निवास देखकर चकित रह गए। इससे पहले जो भी ओलंपिक हुए थे, वहाँ लोगों के निवास के लिए अस्थायी साधनों का प्रयोग किया गया था, जिन्हें बाद में उतारा या हटाया जा सकता था।

ओलंपिक गाँव में उन्होंने देखा कि सात राष्ट्रों के प्रतिनिधि पहले से ही वहाँ उपस्थित थे। उनके निवास-स्थान के बाहर उनका राष्ट्रीय ध्वज लहरा रहा था। उन्हें भी पूरे स्वागत के साथ उनके निवास-स्थान तक ले जाया गया। कॉटेज का नंबर 113 था और उसमें 20 बिस्तरों, एक टेलीफोन तथा फ्रिज का प्रबंध था। खिलाड़ियों की सुख-सुविधाओं का पूरा प्रबंध किया गया था। उनकी सेवा के लिए दो सहायकों को नियुक्त किया गया था। कहना न होगा कि अपनी ओर से स्वागत-सत्कार में कोई कमी नहीं छोड़ी गई थी।

...परंतु एक बात भारतीय खिलाड़ियों को बड़ी ही विचित्र लगी। भारतीय टीम के साथ दुभाषिए के रूप में ग्रीक सेना के कप्तान को नियुक्त किया गया था। वे धारा-प्रवाह अंग्रेजी बोलते थे, परंतु हिंदी

भाषा का एक भी शब्द न तो बोल सकते थे और न ही समझ पाते थे। जाने कैसे, यह स्वयं ही तय कर लिया गया था कि भारत की राष्ट्रीय भाषा हिंदी नहीं अपितु अंग्रेजी थी। हिटलर नहीं चाहता था कि कोई भी विदेशी नाजी जर्मनी के बारे में अधिक जानकारी प्राप्त करे, इसलिए ऐसी व्यवस्था की गई थी। जबकि दूसरे स्थानों पर ऐसे दुभाषिए दिए जाते थे, जो उस स्थान के विषय में भी जानकारी रखते थे, जहाँ खिलाड़ी जाते थे। हिटलर की ऐसी सतर्कता स्वाभाविक ही थी, क्योंकि उन दिनों वह अपनी सैन्य शक्ति के विस्तार में जुटा हुआ था। खिलाड़ियों को पहले ही समझाकर भेजा गया था कि जब भी वे कुछ ऐसा देखें, जिसे गुप्त रखने की कोशिश की जा रही हो, तो उसमें हस्तक्षेप न करें और न ही अनावश्यक कौतूहल या जिज्ञासा दरशाएँ। संभवत: ओलंपिक कॉटेज भी इसलिए पक्के बनाए गए होंगे, ताकि उन्हें बाद में सेना के मुख्यालय के तौर पर प्रयुक्त किया जा सके।

भोजन करने की व्यवस्था वहाँ से आधे मील की दूरी पर स्थित एक गोलाकार इमारत में की गई थी। दूसरे तल पर स्थित डाइनिंग हॉल में कैफेटेरिया स्टाइल में भोजन दिया जा रहा था। बेशक भोजन के प्रबंध में कोई कमी नहीं थी, हालाँकि भोजन-कक्ष पास न होने के कारण कभी-कभी खिलाड़ी भोजन करने जाना ही नहीं चाहते थे।

एक दिन वे सभी उस हॉल में भोजन कर रहे थे कि उनके आस-पास खलबली-सी मच गई। अचानक ही उन्हें हरमन गॉरिंग सेना की वरदी में आते दिखाई दिए। लोगों ने तालियाँ बजाकर उनका स्वागत किया और कुछ खिलाड़ी उनके हस्ताक्षर लेने के लिए लपके। इस तरह वहाँ प्रतिदिन कई गण्यमान्य लोगों से मिलने का अवसर मिलता रहता। □

22

अभ्यास मैच ने दिया सबक

बर्लिन ओलंपिक में बहुत से नए रंग सामने आ रहे थे, जो बार-बार कप्तान ध्यानचंद के लिए परीक्षा की घड़ियाँ बन जाते और उन्हें कोई-न-कोई युक्ति लगाकर उनका हल खोजना पड़ता। दल की कप्तानी काँटों का ताज पहनने से कम नहीं होती। अकसर टीम की जीत पूरी टीम की जीत होती है, परंतु हार का सारा श्रेय तो कप्तान को अपने ऊपर ही लेना होता है।

11 जुलाई को एक अभ्यास मैच हुआ। उसमें भारत का मुकाबला जर्मनी की अंतरराष्ट्रीय टीम से था। बर्लिन में हुए उस मैच के परिणाम कहीं भी जोड़े नहीं जाने थे, परंतु फिर भी मीडिया व दर्शकों से तो परिणाम छिपाए नहीं जा सकते थे। उस मैच में भारत ने 1 के मुकाबले 4 गोल से मात खाई। अभ्यास मैच में जर्मनी के हाथों मिली इस पराजय ने भारतीय खिलाड़ियों को हतप्रभ कर दिया। अब तो ऐसा ही लगने लगा था कि वे ओलंपिक खिताब को बरकरार रख भी पाएँगे या नहीं।

ध्यानचंद ने बाद में लिखा कि वे उस मैच से मिली हार को आजीवन नहीं भुला सकते। वह उनके लिए किसी बड़े सदमे से कम न थी। हिटलर के देश जर्मनी ने पिछले कुछ समय में काफी प्रगति की थी

और इस स्तर पर आ गई थी कि उसने भारतीय खिलाड़ियों को भी पछाड़ दिया था। जर्मनी की यह टीम 26 खिलाड़ियों में से छाँटी गई थी, जो सभी जर्मनी हॉकी प्रतिनिधिमंडल के सदस्य थे, यानी जर्मन खिलाड़ियों की टीम किसी तरह मुकाबले में कमतर न थी। ध्यानचंद ने उस दिन खाना नहीं खाया और न ही रात को ठीक से सो सके। उनके सिर पर आनेवाले कल की चिंता सवार थी।

निस्संदेह परिणाम कहीं नहीं जुड़ने थे, परंतु समाचार-पत्रों को टिप्पणी देने से कौन रोक सकता था। 'हिंदू' के विशेष संवाददाता ने लिखा—'पिछले शुक्रवार को मेहमान भारतीय टीम ने अपना पहला अभ्यास मैच जर्मन टीम के साथ खेला और बुरी तरह से मात खाई। यद्यपि खेल को देखते हुए उन्हें हारना नहीं चाहिए था, परंतु दर्शकों का कहना था कि उन्होंने हाथ आए छह अवसर गँवा दिए।'

भारतीय टीम को यह बात अच्छी तरह समझ आ गई कि जर्मनी बहुत प्रगति कर चुका है। पर भारत के पास कोई अभ्यस्त व नियमित इनसाइड राइट नहीं था और मसूद पूरी फॉर्म में नहीं खेल पा रहे थे। यदि जर्मनी व भारत फाइनल में टकराते तो निश्चित तौर पर भारत के लिए समस्या खड़ी हो सकती थी।

सभी सदस्यों का यह मत था कि भारत से एक इनसाइड राइट बुलवाया जाए। उसी रात ध्यानचंद, जगन्नाथ स्वामी, पंकज गुप्ता एवं जफर के बीच मीटिंग हुई। बैठक में सर्वसम्मति से तय किया गया कि मसूद को बदलना होगा। मसूद के स्थान पर स्थानापन्न खिलाड़ी को लाने की आवश्यकता थी। पंकज गुप्ता बर्लिन के लिए रवाना हुए और वहाँ से भारतीय हॉकी संघ के अध्यक्ष सर जगदीश प्रसाद को एक तार भेजा, जिसमें लिखा गया था कि जल्दी से दारा को भेजा जाए। यदि वे न आ सकें तो उनके स्थान पर फ्रैंक वेल्स या एरिक हैंडरसन को बुलाने की बात कही गई थी।

हालाँकि जब टीम भारत में ही थी तो दारा को टीम में शामिल करने

की कोशिश की गई थी, परंतु सेना से अनुमति नहीं मिल सकी और टीम को उनके बिना ही आना पड़ा। जब भारत में यह तार संदेश पहुँचा और उन्हें आपातकाल समझ में आया तो सेना इस बार दारा को भेजने के लिए तैयार हो गई। दारा एक छोटे से विमान पर सवार हुए, जिसे मार्ग में कई बार ईंधन भरवाने के लिए रुकना पड़ा। यद्यपि वे सेमीफाइनल के ठीक एक दिन पहले ही पहुँचे, जो भारत व फ्रांस के बीच खेला जाना था।

जर्मन मीडिया व दर्शकों के बीच भी कौतूहल था कि ऐसा कौन सा खिलाड़ी है, जिसे बुलाने के लिए विशेष तौर पर ध्यानचंद ने सिफारिश की थी। हालाँकि उस एक अभ्यास मैच के बाद भारत ने आठ अभ्यास मैच और खेले, परंतु उस दिन जर्मनी के हाथों मिली पराजय को टीम भुला नहीं पाई।

बर्लिन ओलंपिक के लिए पहुँची भारतीय हॉकी टीम के कप्तान के लिए स्थानीय निवासियों में बेहद उत्साह था। जब ध्यानचंद वहाँ पहुँचे तो उनकी अगवानी करते हुए पत्रकारों ने लिखा—'ओलंपिक ग्राम में एक जादू का खेल भी है।'

सभी भारतीय खिलाड़ियों ने भी उसे पढ़ा और जान गए कि ये शब्द उनके कप्तान के लिए ही कहे गए हैं। अगले ही दिन बर्लिन में जगह-जगह पोस्टर भी लग गए—'हॉकी स्टेडियम में आएँ और भारतीय जादूगर के आश्चर्यजनक खेल को देखें।'

□

23

बर्लिन ओलंपिक का उद्‌घाटन

बर्लिन ओलंपिक का हॉकी स्टेडियम बहुत ही शानदार था। स्वयं ध्यानचंद इस बात को मानते थे। 1 अगस्त को खेलों का उद्‌घाटन समारोह हुआ। वह एक भव्य तथा विशाल स्तर पर होनेवाला आयोजन था। लाखों दर्शकों की करतल-ध्वनि के बीच कार्यक्रम आरंभ हुआ। अचानक ही स्टेडियम में विवाद उठ खड़ा हुआ। कुछ खिलाड़ी मार्च पास्ट के दौरान हिटलर को सलामी देना चाहते थे और कुछ लोग इसका विरोध कर रहे थे। अंत में कई टीमों ने हिटलर को सलामी दी, परंतु भारत व अमेरिका की टीम ने सलामी नहीं दी। कप्तान ध्यानचंद ने झंडे के साथ अपनी टीम का नेतृत्व किया।

उद्‌घाटन समारोह के दौरान बजाया जानेवाला घंटा बड़ा भारी और विशाल था। इस बार ओलंपिक मशाल पहली बार सूर्य की किरणों से जलाई गई। कुल मिलाकर सारे प्रबंध बहुत ही बेहतर थे और साफ दिखाई दे रहा था कि प्रत्येक व्यवस्था में तकनीक व तंत्रों का बखूबी प्रयोग किया गया है।

वे पहले ओलंपिक खेल थे, जिन्हें टी.वी. पर दिखाया गया था। पूरे बर्लिन में 25 बड़े-बड़े टी.वी. लगाए गए थे, ताकि स्थानीय लोग खेलों

का निःशुल्क आनंद ले सकें। भारत में फिलिप्स रेडियो कंपनी ने एक अभियान चालू किया तथा दावा किया कि उनकी नई तकनीक से बने रेडियो बर्लिन से होनेवाले प्रसारण को कहीं बेहतर तरीके से पकड़ सकते थे।

5 अगस्त को भारत ने हंगरी के साथ अपना पहला मैच खेला। भारत ने हंगरी को शून्य के मुकाबले 4 गोल से मात दी। हंगेरियन खिलाड़ियों ने बहुत ही खूबसूरती से खेलते हुए अपना बचाव किया और उनके गोलकीपर की चतुराई के कारण अधिक गोल नहीं हो सके। दरअसल उस दिन मैच आरंभ होते ही वर्षा होने लगी और मैदान में खेल के लिए अनुकूल परिस्थितियाँ नहीं रहीं।

इस मैच के बाद भारतीय टीम को बड़ौदा के महाराजा एवं महारानी द्वारा होटल 'एडलन' में आमंत्रित किया गया। अफगान टीम भी वहीं थी, इसलिए सबने मिलकर दावत का आनंद लिया।

7 अगस्त को अमेरिका के खिलाफ मैच खेला गया तथा अमेरिका को 7 गोल से पराजित किया गया। उस दिन जलवायु भी अनुकूल रही। उस शाम उन्हें ब्रिटिश राजदूत द्वारा निमंत्रित किया गया। अगला मैच 10 अगस्त को जापान के साथ खेला गया। जापान के साथ खेले गए मैच में भी भारत की ही जीत हुई। ऐसा लगता था कि उन्होंने अभ्यास मैच देखकर हॉकी के बहुत सारे भारतीय तौर-तरीके सीख लिये थे। यही वजह थी कि खेल आरंभ होने के पहले 20 मिनट तक कोई भी दल गोल नहीं कर पाया था। उस शाम ओरिएंटल क्लब में दावत थी और उसी दिन भारतीय टीम ने चैन की साँस ली, क्योंकि उसी दिन दारा भी भारत से वहाँ पहुँच गए थे।

12 अगस्त को फ्रांस के साथ सेमीफाइनल खेला गया। उस मैच में भारत ने 10 गोल से फ्रांस को करारी मात दी। उस मैच में दारा ने 2, तापसेल तथा शहाबुद्दीन ने 1-1, रूपसिंह ने 1 तथा ध्यानचंद ने 4 गोल किए। सारा स्टेडियम तालियों की गड़गड़ाहट से गूँज उठा। अब तक तो बर्लिन और देश-विदेश से आए सभी दर्शक भारतीय हॉकी के जादूगर की जादूगरी पर मुग्ध हो उठे थे। उसी शाम भारतीयों को बर्लिन मसजिद कमेटी द्वारा

शाम की चाय के लिए आमंत्रित किया गया।

भारतीय खिलाड़ियों को प्रतिदिन किसी-न-किसी समारोह में भाग लेने जाना पड़ता था। यह वहाँ के निवासियों का स्नेह ही था, जिसके वशीभूत होकर वे इनकार नहीं कर पाते थे। इस दौरान जर्मनी भी डेनमार्क, अफगानिस्तान तथा हॉलैंड जैसे देशों को परास्त करते हुए तेजी से आगे बढ़ रहा था। अंततः फाइनल मैच का दिन आ पहुँचा।

शुक्रवार 14 अगस्त को फाइनल मैच होने वाला था, परंतु उस दिन जमकर बरसात हुई। हॉकी का मैदान पानी में डूब गया था। जर्मनी के हाथों मिली शिकस्त का जख्म भी अभी ताजा था और जर्मनी के साथ ही फाइनल मैच खेलना था। भारत और जर्मनी सारे देशों को पछाड़कर एक बार फिर आमने-सामने थे। यह एक अभ्यास मैच नहीं था और इसी निर्णायक मैच को तय करना था कि हॉकी के मैदान में दिग्गज कौन?

जगन्नाथजी ने जर्मन हॉकी अधिकारियों से आग्रह किया कि वे मैच को अगले दिन के लिए स्थगित कर दें; परंतु 15 अगस्त को तो ओलंपिक खेलों का समापन समारोह होने वाला था और उस शाम के कार्यक्रमों में फेर-बदल नहीं किया जा सकता था।

समस्या बड़ी ही विकट थी। यह जर्मनी के साथ खेला जानेवाला फाइनल मैच था और मैच में हॉकी के खेल के लिए दशाएँ प्रतिकूल थीं। हॉकी-प्रेमियों को इन मैचों के दौरान ध्यानचंद के खेल के नए-नए पैंतरे व हुनर देखने को मिले। उन्होंने कभी हॉकी का इतना स्तरीय प्रदर्शन नहीं देखा था।

हॉकी तो जैसे ध्यानचंद के हाथ के इशारों पर नाचती थी। उनकी हॉकी स्टिक से गेंद अलग होने का नाम ही नहीं लेती थी। कहते हैं कि लोग मैच समाप्त होने के बाद उनकी हॉकी स्टिक को छू-छूकर देखते थे कि कहीं उसमें किसी तरह का कोई चुंबक तो नहीं लगा, जिसके कारण गेंद उससे चिपक जाती हो।

□

24

तिरंगे ने दी प्रेरणा

जर्मन हॉकी अधिकारियों तथा भारतीय अधिकारियों व कप्तान के बीच हुई बैठक में अंततः यह निर्णय लिया गया कि 15 अगस्त को सुबह 11 बजे स्टेडियम में हॉकी का फाइनल मैच खेला जाए। संभवतः यह पहला ओलंपिक हॉकी मैच था, जो सुबह 11 बजे खेला जाना था।

ध्यानचंद पूरी रात चिंता में रहे। उन्हें अपने खिलाड़ियों के मन में बसा जर्मन टीम का भय मिटाना था। जब भी हम किसी चीज से डरने लगते हैं तो वह हमें और भी भयावह रूप से डराने लगती है। वह भय उस वस्तु से भी कहीं अधिक भयंकर हो उठता है। यहाँ भी वही हुआ था। अभ्यास मैच में भारत ने जर्मनी के हाथों मात खाई, जबकि भारतीय हॉकी टीम ने हारना सीखा ही नहीं था।

ध्यानचंद हॉकी टीम के कप्तान होने के नाते उन्हें इस भय से मुक्त करना चाहते थे, क्योंकि डर के आगे ही जीत होती है। भय तो अच्छे-खासे सबल मनुष्य को भी दुर्बल बना देता है, उसकी सारी शक्ति क्षीण कर देता है, आशा व उत्साह पर पानी फेर देता है।

अंत में उन्हें एक उपाय सूझ ही गया और उन्होंने सोच लिया कि

वे अपनी टीम का मनोबल बढ़ाने एवं प्रोत्साहित करने के लिए क्या करने जा रहे हैं।

अगले दिन मैदान में उतरने से पहले सारी टीम ड्रेसिंग रूम में एकत्र थी। अचानक ही ध्यानचंद आगे बढ़े और उनके आगे तिरंगा झंडा रख दिया। पंकज गुप्ता उनके इस सराहनीय कदम को देख मुसकराने लगे। एक ही क्षण में जैसे कमरे का वातावरण ही बदल गया।

टीम के कप्तान ने एक भी शब्द कहे बिना सबको अपना संदेश दे दिया था। वह संदेश था अपने देश के नाम—'करो या मरो'। देश की आन के आगे किसी को भी बड़ा मत मानो। बड़े-से-बड़े शत्रु को रौंदकर उसके इलाके पर कब्जा कर लो। अपने देश का नाम मत डूबने दो।

सभी खिलाड़ी रोमांचित हो उठे। वे अपने-अपने स्थान से उठे और खड़े होकर अपने प्रिय तिरंगे को सलामी दी। भले ही देश उस समय परतंत्रता के अंधकार से घिरा था, परंतु सबके हृदय देश-प्रेम से आलोकित थे। सबने तिरंगे को नमन करने के बाद मन-ही-मन संकल्प लिया कि वे अपने तिरंगे की शान को बनाए रखने के लिए जी-जान लगा देंगे। आज दिखा देंगे कि भारत के सपूतों का कोई मुकाबला नहीं कर सकता, फिर वह जर्मनी हो या कोई और देश।

ध्यानचंद मुदित हो उठे। उनकी सारी चिंता जाती रही। यही तो वे चाहते थे। वे प्रत्येक खिलाड़ी का मनोबल बनाए रखने में कामयाब रहे। किसी भी टीम की सफलता काफी हद तक उसके सफल नेतृत्व में ही छिपी होती है। इस टीम के पास निस्संदेह सबसे श्रेष्ठ नेतृत्व उपस्थित था।

भारतीय हॉकी टीम मैदान में पहुँची तो सारा स्टेडियम खचाखच भरा था। करीब 40 हजार दर्शक मौजूद थे, जिनमें भारत से गए बड़ौदा के शासक, भोपाल की राजकुमारी तथा अनेक प्रवासी भारतीय भी उपस्थित थे। इस तरह वहाँ भारतीय समर्थकों का एक बड़ा समूह मौजूद था, जो भारतीय टीम का हौसला बढ़ाने के लिए आया था। भारतीय अपने तिरंगे

का मान रखने के लिए मैदान में उतरे थे और उधर जर्मनी की टीम इस गुमान में थी कि उसने जिस आसानी से अभ्यास मैच में भारत को हराया था, उसी तरह आज भी हरा देगी।

कहते हैं, शत्रु को कभी अपने से कम नहीं आँकना चाहिए। उस दिन जर्मनी ने यही किया था। जर्मन टीम को लग रहा था कि वह इतनी शक्तिशाली हो गई है कि भारत को परास्त करना उसके बाएँ हाथ का खेल है।

जर्मनी को पूरा आत्मविश्वास था कि वह भारतीय हॉकी शैली का अनुकरण करके उसे परास्त कर देगी; परंतु वे लोग यह भूल गए थे कि नकल कभी असल से आगे नहीं जा सकती।

□

25

भारत व जर्मनी का निर्णायक मैच

भारत और जर्मनी के बीच मैच शुरू हुआ और जर्मनी ने मध्यांतर तक 1 गोल कर दिया। इसके बाद तो भारत ने ऐसा रूप दिखाया कि जर्मनी चारों खाने चित जा गिरा। खेल बहुत ही तेजी से खेला गया और अनेक रोमांचक क्षणों से भरपूर रहा।

स्वयं हिटलर उस मैच को देखने के लिए दीर्घा में उपस्थित था; परंतु जब उसने जर्मनी को हारते देखा तो वह बीच में ही उठकर चला

गया। उसने अभी हारना सीखा नहीं था, इसलिए अपनी आँखों के आगे अपने देश की हार नहीं देख सकता था। इसके अलावा अनेक उच्च पदस्थ नाजी अधिकारी भी वहाँ उपस्थित थे।

दोनों ओर से बराबर की टक्कर थी। यदि भारत की ओर से मुहम्मद, कुलेन, रूपसिंह जैसे खिलाड़ी खेल रहे थे तो जर्मनी की ओर से भी डोस, बीज, हफमैन तथा केलर जैसे हुनरमंद खिलाड़ी मैदान में डटे थे।

जब खेल आरंभ हुआ तो पहले-पहल जर्मनी ने अपना आक्रामक रूप दिखाया। दारा ने दो बार गोल करना चाहा, परंतु वे ऑफ साइड करार दिए गए। जर्मन बहुत आसानी से भारतीय फॉरवर्ड को रोकने में सफल रहे और भारतीय खिलाड़ियों के लिए गोल कर पाना मुश्किल होता गया। यह तो साफ था कि ऐसी परिस्थिति में जो भी पहला गोल करता, वह बहुत ही अहम भूमिका निभाने वाला था। 32वें मिनट में रूपसिंह को जफर से एक पास मिला और उन्होंने बड़े ही मुश्किल एंगल से 1 गोल ठोंक दिया। इस तरह मध्यांतर तक भारत की झोली में 1 ही गोल आ सका।

ब्रेक के दौरान ध्यानचंद ने खिलाड़ियों को अपने पास बुलाया और उन्हें उनके अच्छे खेल के लिए बधाई दी। साथ ही उन्हें यह चेतावनी भी दी कि एक गोल की बढ़त कोई मायने नहीं रखती। जर्मनी किसी भी समय हमारी बराबरी पर आ सकता है।

इसके बाद भारतीय खिलाड़ी अपने ही रंग में आ गए। मैच आरंभ होते ही ध्यानचंद ने 1 गोल किया। मैच के आगे के रोमांचक क्षणों के बारे में रूपसिंह ने बताते हुए कहा था, ''ध्यानचंदजी एक ऐसे खिलाड़ी थे, जिन्हें कभी स्वार्थ छू तक नहीं गया था। वे कभी आवश्यकता से एक भी अधिक पल के लिए गेंद को अपने पास नहीं रखते थे। उस दिन वे एक अलग ही रौ में दिखे। उन्होंने हमें चिल्लाकर कहा, 'सारे पास मुझे दो। इसके आगे मैं सब सँभाल लूँगा।'

''...वाकई उस दिन उनका प्रदर्शन लाजवाब था। वे जिस तरह

गेंद को अपने संकेतों पर नचा रहे थे, उसे देखकर सभी दर्शक मंत्रमुग्ध हो उठे। ऐसा लग रहा था मानो गेंद उनकी हॉकी स्टिक से चिपक गई हो; बल्कि कई बार तो दर्शक यही सोचकर भ्रमित भी हुए होंगे कि आज मैदान में हो क्या रहा है!''

जब भारत ने 4 गोल कर लिये तो जर्मनी की ओर से हरकत हुई और उन लोगों ने 1 गोल किया। जब भारत ने छठा गोल किया तो जर्मन टीम बुरी तरह से बौखला गई और वे भारतीय कप्तान ध्यानचंद के पीछे हाथ धोकर पड़ गए। जर्मन गोलकीपर ने आक्रामक रुख अपनाया और ध्यानचंद के दाँत पर चोट लगी। उन्हें प्राथमिक चिकित्सा लेने के लिए कुछ समय के लिए मैदान से बाहर जाना पड़ा। जब वे वापस लौटे तो पूरी विनम्रता व संयम से अपने विपक्षी खिलाड़ी को समझाया कि खेलते समय कभी आक्रामक रुख नहीं अपनाना चाहिए। इससे खेल बनने की बजाय बिगड़ जाता है। वह खेल ही क्या, जो खेल-भावना से न खेला जाए!

गोलकीपर ने सबके बीच क्षमा तो माँगी, परंतु यह सबको दिख रहा था कि यह जान-बूझकर बदले की भावना से किया गया था। तापसेल ने कहा, ''हम भी आक्रामक रुख अपनाना जानते हैं। हम इन्हें दिखा सकते हैं कि ईंट का जवाब पत्थर से कैसे दिया जाता है। इनकी इतनी हिम्मत!''

ध्यानचंद बोले, ''नहीं, हमें तो इन्हें यह दिखाना है कि हॉकी खेलने के गलत तौर-तरीके अपनाने की बजाय सही तरह से खेलकर भी हॉकी जीती जा सकती है। अगर हमने भी इनके जैसा ही बरताव किया तो दोनों टीमों में अंतर ही क्या रहा! हमें भूलना नहीं चाहिए कि हम किस देश का प्रतिनिधित्व कर रहे हैं और हमारे देश ने हमें क्या संस्कार दिए हैं!''

भारतीय गेंद को जर्मन डी तक ले जाते, फिर गोल के मुँह तक ले जाते, पर गोल न करते। उनकी इस रणनीति से जर्मन चकरा गए।

दरअसल ध्यानचंद ने अपने साथियों को समझा दिया था कि वे विपक्षियों को दिखा देंगे कि गेंद को नियंत्रण में कैसे रखा जाता है। इस मैच में रूपसिंह, तापसेल व जफर ने 1-1, दारा ने 2 तथा ध्यानचंद ने 3 गोल दागे। दारा व ध्यानचंद की जुगलबंदी देखते ही बनती थी। इस तरह पूरे मैच में जर्मनी ने 1 तथा भारत ने 8 गोल किए। जर्मन टीम ने करारी मात खाई।

भारतीय टीम जीत की खुशी में मग्न हो उठी। ध्यानचंद का चेहरा उदास था। किसी के पूछने पर उन्होंने बताया कि काश, यह जीत अपने देश के तिरंगे तले मिली होती। उस समय तो कहने और सुननेवाले विवश थे, परंतु जब कई साल बाद 15 अगस्त, 1947 को देश आजाद हुआ तो बर्लिन ओलंपिक की उस जीत को याद करके ध्यानचंद की आँखें नम हो आईं। उन्हें स्मरण हो आया कि किस तरह वे उस दिन अपने पराधीन देश को स्वाधीन देखने के लिए तरस उठे थे।

'हिंदू' ने इस खेल की रिपोर्टिंग करते हुए लिखा—

'भारतीय हॉकी टीम का प्रत्येक सदस्य अभ्यास मैच में मिली पराजय के कारण थोड़ा तनावग्रस्त दिखा और वे सब अपनी सामान्य अवस्था में नहीं थे। जब मैदान में पानी भरने के कारण खेल संभव न हो सका तो अगले दिन का समय तय किया गया; परंतु यह निश्चित तौर पर नहीं कहा जा सकता था कि अगले दिन भी मैदान का पानी सूखेगा या नहीं। कहीं दोबारा वर्षा तो नहीं आ जाएगी।

'...हालाँकि अगले ही दिन जब सूर्यदेवता ने दर्शन दिए तो सबके मन से यह आशंका जाती रही कि वर्षा के कारण खेल बंद होने की नौबत आ सकती थी। मैदान अभी गीला ही था। जर्मन खिलाड़ियों ने अंडरकट की मदद ली, परंतु भारतीय टीम ने लंबे शॉट लेते हुए खेल को आगे बढ़ाया। ध्यानचंद ने दो बार गोल करना चाहा, परंतु दोनों बार वे ऑफ साइड करार दिए गए।

'इसके बाद उन्होंने अपने नुकीले जूते उतार दिए और रबड़ के

जूते पहनकर खेलने लगे। खेल के अंतिम दौर में उनकी गति में काफी तेजी देखी गई। एलन व तापसेल ने जर्मनों के कई आक्रमण को रोका और केवल बीज ही भारत के खिलाफ एकमात्र गोल करने में कामयाब रहे। हालाँकि यह गोल भी अपने आप में बहुत महत्त्व रखता था, क्योंकि यह सारे ओलंपिक टूर्नामेंट के दौरान भारत पर किया जानेवाला एकमात्र गोल था।

'खेल समाप्त होने तक जर्मन खिलाड़ी थक गए थे। तापसेल की विश्वसनीयता, जफर की गति तथा ध्यानचंद व दारा के आपसी तालमेल ने सबको आश्चर्यचकित कर दिया था।'

□

26

बर्लिन ओलंपिक समापन समारोह

भारतीयों की यह जीत नाजियों के लिए एक करारी हार थी, जो हर रूप में जर्मनी को एक शक्तिशाली राष्ट्र के रूप में स्थापित करने के लिए कृत-संकल्प थे। वे दुनिया को दिखाना चाहते थे कि जर्मनी हर हाल में हर देश से आगे है।

यहाँ भारतीय हॉकी टीम ने उनका यह भ्रम तोड़ दिया था। यह भारतीय हॉकी के इतिहास का एक स्वर्णिम पृष्ठ था। 16 अगस्त को एक शानदार समापन समारोह का आयोजन हुआ, जिसमें बुल्गारिया के राजा बोरित्स तथा हिटलर मुख्य अतिथि के रूप में उपस्थित थे।

जो हिटलर एशियाई मूल के लोगों को देखना तक पसंद नहीं करता था, उसने ही भारतीय ओलंपिक खिलाड़ियों से हाथ मिलाए। भारतीय हॉकी टीम के कप्तान ध्यानचंद को सोने का तमगा पहनाया गया। ओलंपिक में हिस्सा लेनेवाले सभी देशों को टोक्यो ओलंपिक में भाग लेने के लिए आमंत्रित किया गया। हालाँकि आगे होनेवाले विश्व युद्धों के कारण वे ओलंपिक हो ही नहीं सके।

इसके बाद जर्मनी के ड्यूस हॉल में एक विशाल भोज का आयोजन किया गया। उसमें हिटलर भी शामिल था। भारतीय हॉकी टीम अपने में

मग्न थी। उसने हिटलर की ओर ध्यान तक नहीं दिया। परंतु हिटलर स्वयं ध्यानचंद के पास आया और उनके आगे प्रस्ताव रखा कि वे उसकी सेना में जनरल का पद सँभाल लें। ध्यानचंद तो कभी कल्पना में भी ऐसा नहीं सोच सकते थे।

उन्हें तो अपना देश प्राणों से भी प्रिय था। भला कोई देशभक्त किसी पद, सत्ता या धन के लोभ में अपने ही देश से कृतघ्नता कैसे कर सकता है? प्रत्येक व्यक्ति का अपने परिवार, समाज व देश के प्रति कुछ कर्तव्य बनता है। वह जिस मातृभूमि में जनमा हो, वह उसके प्रति ऋणी होता है और उसे हर संभव तरीके से उस ऋण को उतारने का प्रयत्न करना चाहिए। ध्यानचंद का राष्ट्र के प्रति प्रेम वास्तव में अनुकरणीय है। यहाँ विचारणीय प्रश्न है कि यदि उनके स्थान पर कोई और होता तो उसे हिटलर का यह लुभावना प्रस्ताव ग्रहण करने में कितनी देर लगी होती! आज भी ध्यानचंद को अडिग तथा सिद्धांतों के धनी एक ऐसे व्यक्ति के रूप में स्मरण किया जाता है, जो हिटलर से उसके ही देश में सामना करने का साहस कर सके, उसके प्रस्ताव को पूरे गर्व के साथ अस्वीकार कर सके।

आगे आनेवाले वर्षों में भी एक बार ऐसा ही अवसर उपस्थित हुआ था, जब हमें उनके देश के प्रति प्रेम का परिचय मिला। उनका पुत्र भी हॉकी का महान् खिलाड़ी था। वह विदेश में जाकर बसना चाहता था; परंतु ध्यानचंद ने उसे समझाया कि हम जिस देश की मिट्टी में पल-बढ़कर बड़े होते हैं, हमारे लिए वह देश ही सर्वोपरि होना चाहिए। उस देश का भी हम पर अधिकार बनता है। हमें दूसरे देश में जाकर अपने देश को भुलाने की कृतघ्नता नहीं करनी चाहिए। ऐसी स्वार्थपरता नितांत त्याज्य है।

उनके पुत्र ने भी उनकी बात का मान रखा और विदेश गमन के प्रस्ताव को सदा के लिए तिलांजलि दे दी। ध्यानचंद उन लोगों में से थे, जिनके लिए उनके सिद्धांत व संस्कार ही जीवन की अनमोल थाती होते हैं। वे किसी भी दूसरी चीज को इससे ऊपर नहीं मानते। भले ही वे जीवन में आगे चलकर कई बार आर्थिक संकटों से घिरे, पर उन्होंने कभी किसी के आगे न तो हाथ फैलाया और न ही किसी अनैतिक साधन का आश्रय लिया।

वे चाहते तो अपने लिए सबकुछ पा सकते थे। उनके पास धन का कभी अभाव न रहता, परंतु उन्होंने ऐसा नहीं किया। जब-जब हॉकी-प्रेम व देश के प्रति कर्तव्य-पालन की बात आएगी, तब-तब उस महान् व्यक्तित्व का नाम अवश्य लिया जाएगा।

ध्यानचंद और उनकी टीम ने ओलंपिक के बाद बर्लिन में बहुत अच्छा समय व्यतीत किया। इसके बाद पूरी टीम लंदन में ठहरी। भारतीय हॉकी संघ ने ओलंपिक जीतने की खुशी के इनाम के तौर पर टीम को लंदन में एक और सप्ताह तक रुकने की अनुमति प्रदान की।

वहाँ उनकी भेंट डगलस जार्डिन से हुई, जो उन दिनों क्रिकेट के गलियारों में विशेष रूप से प्रसिद्ध थे। जार्डिन आगे आए और विशेष रूप से रूपसिंह व ध्यानचंद के साथ तसवीर खिंचवाने का आग्रह किया।

ज्यूरिख में भारत ने अपने इस दौरे का अंतिम अंतरराष्ट्रीय मैच खेला। वह मैच रात को 1 बजे के करीब पथरीले मैदान में ट्यूब लाइटों के कृत्रिम प्रकाश में खेला गया था।

कुल मिलाकर यह विदेशी दौरा बहुत ही सफल रहा। भारतीय टीम एक बार फिर से ओलंपिक विजेता बनकर लौट रही थी। इस बार हमारी भारतीय हॉकी टीम ने यह ओलंपिक मेडल कप्तान ध्यानचंद के नेतृत्व में प्राप्त किया था। हालाँकि यात्रा पर निकलते समय ध्यानचंद का मन कई तरह की आशंकाओं से ग्रस्त था, यहाँ तक कि उन्हें अपनी योग्यता पर भी संदेह होने लगा था; परंतु जब वे लौटे तो सबके चेहरों पर उल्लास व गर्व की चमक थी। वे अपनी मातृभूमि का मान बनाए रखने में कामयाब रहे थे। देश भले ही गुलाम था, परंतु उनकी हॉकी आजाद थी। वह किसी के इशारों की गुलाम न थी। वह तो केवल उनके अपने हाथों के संकेत पर नाचती थी। देश-विदेश से मिले सम्मानों, प्रशंसा-पत्रों, पुरस्कारों, उपहारों व स्नेह की थाती को समेटकर भारतीय हॉकी टीम 'स्ट्राथमोर' स्टीमर पर सवार हो गई, ताकि शीघ्रातिशीघ्र अपने देश पहुँच सके।

□

27

बर्लिन ओलंपिक से भारत वापसी

उसी जहाज में भारतीय दल के साथ अनेक गण्यमान्य हस्तियाँ भी यात्रा कर रही थीं। उनमें पटौदी नवाब, विज्जी के महाराजकुमार तथा बंबई, मद्रास व मैसूर के गवर्नर भी थे। स्वाभाविक ही था कि पूरा दल अपने आपको सातवें आसमान पर अनुभव कर रहा था। जहाज पर सवार अतिथियों ने ध्यानचंद को पूरा आदर-मान दिया और उन सबने एक साथ अच्छा समय बिताया। ध्यानचंद के लिए वे क्षण जीवन के अविस्मरणीय क्षणों में से थे। भारत में जो गण्यमान्य हस्तियाँ अपने दर्शन तक देने से कतराती थीं, वही आज उनके साथ तसवीर खिंचवाने के लिए लालायित थीं।

ड्यूस हॉकी बंड के अध्यक्ष जॉर्ज एवर्स की ओर से उन्हें एक बहुत ही सुंदर विदाई संदेश प्राप्त हुआ—

'आप व आपके दल ने हमारे देश में हॉकी के खेल को फलने-फूलने में भरपूर योगदान दिया। मैं आशा करता हूँ कि आप अपने देश में भी यही छाप लेकर लौटेंगे तथा जर्मन हॉकी के खिलाड़ियों के प्रति वही मैत्रीपूर्ण भाव महसूस करेंगे, जो वे आपके प्रति कर रहे हैं। उनका कहना है कि वे सभी आपके द्वारा हॉकी के मैदान में दिखाए गए उत्कृष्ट

प्रदर्शन तथा कौशल की दिल से सराहना करते हैं।'

जब अथाह उमंग व उल्लास में डूबी भारतीय हॉकी टीम अपने गोल्ड मेडल के साथ बंबई पहुँची तो उन्हें बहुत ही दु:खद आश्चर्य का सामना करना पड़ा। देश के लिए इतना बड़ा सम्मान अर्जित करके लौट रही टीम का स्वागत करने के लिए केवल दो ही लोग उपस्थित थे। उनमें से एक बंबई हॉकी एसोसिएशन से थे तो दूसरे राज्य ओलंपिक इकाई से आए थे। अचानक ही आकाश में बादल गरजने लगे और बारिश होने लगी। एक खिलाड़ी ने निराश मन:स्थिति में कहा, "देखो, आज तो आसमान भी हमारे प्रति की गई इस उपेक्षा को सह नहीं पाया और आँसू बरसाने लगा।"

निस्संदेह यह भारतीय हॉकी टीम के लिए निराशाजनक स्थिति थी। वह एक ऐसी टीम थी, जो अपने देश के लिए सोने का पदक जीतकर लौटी थी। उन्होंने इस दौरे में 39 मैच खेले थे, जिसमें से केवल 2 में ही उनकी पराजय हुई थी। जब वे लोग विदेश में थे तो स्टेशनों पर गाड़ी से चढ़ते व उतरते समय उनकी सुरक्षा के लिए स्वयंसेवक भेजे जाते थे, ताकि वे उत्साही प्रशंसकों की भीड़ में न घिर जाएँ; परंतु यहाँ तो जैसे कोई जानने वाला ही न था।

इस टीम ने लाहौर में एक-दूसरे से विदा ली। ध्यानचंद अपनी रेजीमेंट में लौटने से पहले कुछ समय के लिए अपने घर लौटे। सन् 1936 से लेकर 1939 तक उन्होंने अधिकतर सेना के लिए हॉकी ही खेली। केवल एक बार बीटन कप टूर्नामेंट के लिए कलकत्ता गए थे। इसके बाद उन्होंने अपना कुछ समय पंचमढ़ी के प्रशिक्षण कैंप में भी बिताया।

ध्यानचंद प्राय: आर्मी हॉकी टीम की उस कप्तानी को भी याद किया करते थे, जिसमें उन्हें मणिपुर, बर्मा व सीलोन के मैदानों में हॉकी टीम लेकर जाना था। उन मैचों का केवल यही ध्येय था कि युद्ध के मोरचों पर डटे जवानों का मनोरंजन किया जा सके। हालाँकि उन मैचों

में कोई पुरस्कार या सम्मान नहीं मिलने वाले थे, परंतु इससे उनके खेल के जोश व उत्साह में कोई कमी नहीं आई।

हालाँकि वे सन् 1936 के ओलंपिक के बाद ही हॉकी से संन्यास ले लेना चाहते थे, परंतु संभवतः पूरे विश्व से मिल रहे आदर-मान ने उन्हें रोक लिया। वर्ष 1938 में उन्हें 'वायसराय कमीशन' से सम्मानित किया गया और अधिकारी पद पर प्रोन्नति कर दी गई।

जब दूसरा विश्व युद्ध छिड़ा तो उनकी रेजीमेंट को मोरचे पर भेजा गया; ताकि जापान से लोहा लिया जा सके; परंतु अंग्रेजों ने उन्हें रेजीमेंट पर भेजने से इनकार कर दिया। इससे पता चलता है कि वे ध्यानचंद के लिए कितना आदर-भाव रखते होंगे। आगे चलकर उन्हें लेफ्टिनेंट का पद भी सौंपा गया।

सन् 1945 में युद्ध की समाप्ति के बाद ध्यानचंद ने भी अपनी हॉकी स्टिक को कुछ समय के लिए विश्राम दिया। उन्हें लगने लगा था कि वे हॉकी के क्षेत्र में चरमोत्कर्ष तक पहुँच चुके थे और पिछले दो दशकों से उस पद को बरकरार रखे हुए थे। उनका मानना था कि अब नए खून को हॉकी के मैदान में आना चाहिए, ताकि लोगों को नई शैली का खेल देखने का अवसर मिले। ऐसा तभी होगा, जब वे अपने कदम पीछे हटा लेंगे। यही विचार कर उन्होंने हॉकी को अलविदा कहने का मन बना लिया। □

28

अफ्रीकी दौरा

जब भारत आजाद हुआ तो उस समय ध्यानचंद फिरोजपुर में थे और फिरोजपुर नए देश पाकिस्तान का हिस्सा बना तो वे लौट आए। ध्यानचंद तो भारत का एक अंग थे, इसलिए उनका यहाँ रहना स्वाभाविक ही था। उनके मित्र खिलाड़ी दारा ने अपने लिए पाकिस्तान को चुना और वहीं चले गए।

अभी वे हॉकी से सेवानिवृत्ति के विषय में विचार कर ही रहे थे कि एक और विदेशी दौरे पर टीम के साथ जाने का प्रस्ताव आ गया। 1947 में ही पूर्व अफ्रीकी एशियाई खेल संघ ने भारतीय हॉकी संघ से अनुरोध किया था कि वे एक भारतीय हॉकी टीम को पूर्वी अफ्रीका में मैचों की शृंखला खेलने के लिए भेजें।

यह अनुरोध तो उचित था, परंतु साथ ही यह शर्त भी रखी गई थी कि इस टीम में ध्यानचंद भी अवश्य सम्मिलित हों। पूर्वी अफ्रीका के खेल-प्रेमी प्रवासी ध्यानचंद को प्रत्यक्ष रूप से खेलते देखना चाहते थे, उनसे भेंट करना चाहते थे।

ध्यानचंद अपने प्रवासी भारतीय भाइयों को निराश कैसे कर सकते थे। वे हमेशा यही चाहते थे कि प्रवासी लोगों को किसी-न-किसी रूप

में याद दिलाते रहना चाहिए कि उनका देश उन्हें भूला नहीं है। वह हमेशा उनके साथ है और रहेगा, इसलिए वे उस टीम के कप्तान के रूप में विदेशी दौरे पर जाने के लिए सहर्ष राजी हो गए।

हॉकी अध्यक्ष की ओर से मिले एक पत्र में लिखा था—'आप लोग केवल मैच खेलने के लिए ही उस देश में नहीं जा रहे। आप स्वयं को अपने देश का राजदूत मानें। वहाँ आपको अपने व्यवहार तथा आत्मानुशासन का प्रदर्शन करते हुए देश का नाम रोशन करना है।'

23 नवंबर, 1947 को पूरी टीम बंबई में एकत्र हुई। सब लोग 6 दिसंबर को पूर्वी अफ्रीका जाने के लिए जलपोत पर सवार हो गए।

15 दिसंबर को टीम मोंबासा पहुँची। वहाँ एशियाई खेल संघ के अधिकारियों तथा भारतीयों ने उनका हार्दिक स्वागत किया। कीनिया व युगांडा के गवर्नरों की ओर से भी स्वागत संदेश आए थे।

भारत ने ब्रिटिश पूर्वी अफ्रीका में 28 मैच खेले तथा सभी मैचों में विजयी रहे। उस यात्रा के दौरान पूरी टीम एक परिवार की तरह रही। उनके आराम व सुख-सुविधा का पूरा ध्यान रखा गया और दल भी अपने हॉकी अध्यक्ष की अपेक्षाओं पर खरा उतरा।

अनेक स्थानों पर खिलाड़ियों का नागरिक अभिनंदन हुआ। प्रवासी भारतीयों ने उनका भावभीना स्वागत किया। दोपहर तथा रात्रिभोजों की तो जैसे बाढ़-सी आ गई थी। पूरी टीम शांत व प्रसन्न भाव से वापस लौटी।

□

29

जीवन के अंतिम दिन

ध्यानचंद ने भारतीय हॉकी को विश्व स्तरीय बनाने और उसे सर्वोपरि स्थान दिलवाने में अपना पूरा जीवन लगा दिया। वे हॉकी को उस मुकाम तक लेकर गए, जहाँ वह हमारे देश की कीर्ति-पताका को फहराने का साधन बनी। पूरा विश्व यह जान गया था कि भारतीय हॉकी टीम का मुकाबला करना कठिन ही नहीं, बल्कि असंभव है। जिस तरह आजकल लोग क्रिकेट के खेल के दीवाने हैं, उसी तरह एक समय ऐसा भी था, जब लोग हॉकी खेलना और देखना पसंद करते थे।

दूसरे विश्व युद्ध के बाद उन्होंने हॉकी से संन्यास ले लिया, परंतु हॉकी का मोह ज्यों-का-त्यों बना रहा। वे काफी समय तक पटियाला के राष्ट्रीय खेलकूद संस्थान में भारतीय टीमों को प्रशिक्षित करते रहे।

फिर एक दौर ऐसा आया कि सबकुछ बदलने लगा। जब परिस्थितियाँ बदलती हैं तो उनके आस-पास और उनसे जुड़ी वस्तुओं को भी बदलना ही पड़ता है। जब आपने किसी वस्तु को शीर्ष पर पहुँचाने के लिए अपना सर्वस्व दाँव पर लगाया हो तो उसे ही निचले स्तर पर आते देख पाना सहज नहीं होता।

ध्यानचंदजी के साथ यही तो हुआ। एक समय था, जब वे हॉकी के पर्याय बन गए थे। विदेशों में भी उनके नाम की धूम थी। विदेशी स्टेडियमों में उनकी प्रतिमाएँ स्थापित की गई थीं। हॉकी स्टेडियम उनके चित्रों से सुसज्जित रहते थे। परंतु धीरे-धीरे आधुनिक युग ने पाँव पसारे और सभी चीजों के मूल्य बदलने लगे। हॉकी के गिरते स्तर ने उन्हें बुरी तरह से तोड़कर रख दिया था।

आजकल तो हम देखते हैं कि खिलाड़ी भले ही किसी भी खेल से क्यों न जुड़े हों, उनकी खेल प्रतिभा को यथोचित सम्मान दिया जाता है। उन्हें ऐसे अवसर उपलब्ध करवाए जाते हैं कि आगे चलकर उन्हें या उनके परिवार को आर्थिक तंगी का सामना न करना पड़े; परंतु पहले ऐसा नहीं था। यह आवश्यक नहीं था कि विश्व स्तरीय खिलाड़ी आर्थिक रूप से भी समृद्ध होगा या उसे सरकारी व निजी सहयोग की अपेक्षा होगी।

परिवार में आर्थिक संकट था। अभी बच्चों के उत्तरदायित्व पूरे नहीं हो पाए थे और निश्चित आय के साधन समाप्त हो गए। यही कारण था कि वे बहुत चिंतित रहने लगे। उनका परिवार बड़ा था। संयुक्त परिवार में सबके बीच एक अटूट स्नेह का नाता होता है। उनके भाई रूपसिंह के निधन के बाद तो मानो उनका दिल ही टूट गया। इसके बाद वे कुछ समय तक ही जीवित रह सके।

जिस व्यक्ति ने हॉकी को देश का सिरमौर बना दिया, आनेवाली पीढ़ी ने उनकी कद्र नहीं की। वे हॉकी के खेल को फिर से उसी मुकाम पर देखना चाहते थे, जहाँ उसे ले जाने के लिए उन्होंने पूरी निष्ठा व समर्पण से अपना जीवन बलिदान कर दिया था।

ध्यानचंद बीमार पड़े तो उन्हें झाँसी के मेडिकल कॉलेज में भरती कराया गया। जब वहाँ भी हालत में सुधार नहीं हुआ तो परिवारजन उन्हें दिल्ली के आयुर्विज्ञान संस्थान में ले गए। उन्हें लीवर का कैंसर हो गया था। अपनी अंतिम अवस्था में भी वे हॉकी के भविष्य के बारे में ही सोचा करते थे। उनके चिकित्सक तथा परिवारजन के संस्मरणों से पता चलता है कि ध्यानचंद हॉकी के भविष्य को लेकर व्यथित थे। वे जानते थे कि

खिलाड़ियों में पहले जैसा देश-प्रेम, लगन व दृढ़ संकल्प-शक्ति नहीं रह गई। रही-सही कसर खेलों के राजनीतीकरण ने पूरी कर दी है।

2 दिसंबर, 1979 की रात उनके जीवन की कालरात्रि बनकर आई और उन्होंने इस संसार से विदा ली। सारा परिवार बिलख उठा। वे तो सबके प्रिय दद्दाजी थे। वायुसेना के हेलीकॉप्टर द्वारा उनके पार्थिव शरीर को झाँसी लाया गया। उनके शव को सार्वजनिक दर्शनों के लिए घर के बाहर खुले स्थान पर रखा गया। अपने प्रिय हॉकी खिलाड़ी के अंतिम दर्शनों के लिए अपार जन-समूह उमड़ पड़ा। अगले दिन उनके शव की शोभा-यात्रा निकाली गई। खेल छात्रावास, लखनऊ तथा हीरोज क्लब की टीम अपनी-अपनी हॉकी स्टिक उठाए गार्ड ऑफ ऑनर की मुद्रा में साथ थीं। लोगों ने अश्रु-पूरित नेत्रों से उन्हें विदाई दी तथा ऊँचे भवनों व झरोखों से उन पर पुष्प-वर्षा की गई।

पंजाब रेजीमेंट ने मेजर ध्यानचंद के लिए सैनिक सम्मान के साथ अंतिम संस्कार की व्यवस्था की थी। पंजाब रेजीमेंट के सर्वोच्च सेनाधिकारी ने उनके शव को तिरंगे में लपेटा और वहाँ उपस्थित अधिकारियों ने उन्हें कंधा दिया। सलामी गारद के ग्यारह जवान आगे थे, जिनके साथ काले वस्त्रों में लिपटा सेना का बैंड भी था।

जब मेजर ध्यानचंद का पार्थिव शरीर चिता पर रखा गया तो उनके ऊपर दो हॉकी स्टिक क्रॉस के आकार में रखी गईं तथा उनके बीच एक गेंद भी रख दी गई। हॉकी के जादूगर के लिए इससे बड़ी व विनम्र श्रद्धांजलि और क्या हो सकती थी!

उन्हें उनके प्रिय हीरोज ग्राउंड में ही मुखाग्नि दी गई। जैसे ही चिता को अग्नि की लपटों ने घेरा, पूरा मैदान नारों से गूँज उठा। लोग नम आँखों के साथ अपने प्रिय हॉकी के जादूगर को अंतिम विदाई दे रहे थे—

"ध्यानचंदजी अमर रहें!"

"हॉकी जादूगर—जिंदाबाद!"

□

30

सम्मान एवं पुरस्कार

प्रतिभा किसी भी सम्मान एवं पुरस्कार की मोहताज नहीं होती; परंतु देश व देशवासी अपने प्रिय पात्र के प्रति स्नेह व आदर प्रकट करने के लिए उसे सम्मानित करते हैं, अनेक पुरस्कार प्रदान करते हैं। वे विलक्षण प्रतिभा को सम्मानित कर प्रसन्नता का अनुभव करते हैं तथा स्वयं भी गौरवान्वित होते हैं।

वर्ष 1956 में भारत सरकार ने उन्हें 'पद्मभूषण' से सम्मानित किया। 6 अक्तूबर, 1956 को तत्कालीन राष्ट्रपति डॉ. राजेंद्र प्रसाद ने उन्हें यह सम्मान प्रदान किया था। पद्मभूषण के अलंकरण के साथ एक प्रशस्ति-पत्र भी था, जिस पर लिखा था—'मैं भारत का राष्ट्रपति राजेंद्र प्रसाद, व्यक्तिगत गुणों के लिए आपके सम्मानार्थ पद्मभूषण प्रदान करता हूँ।'

सन् 1979 में मेजर ध्यानचंद ने इस संसार से विदा ले ली। उनके मरणोपरांत वर्ष 1980 में उनके नाम से एक डाक टिकट जारी किया गया। डाक व तार विभाग ने 5 दिसंबर, 1980 को 35 पैसे का एक डाक टिकट जारी किया, जो उनकी उपलब्धियों व राष्ट्र-प्रेम को दरशाता है।

सन् 1994 में झाँसी के एक पूर्व सांसद ने लोकसभा में सरकार

से आग्रह किया कि ध्यानचंदजी के जन्म-दिवस को 'खेल दिवस' घोषित किया जाना चाहिए। तत्कालीन खेल मंत्री ने इस प्रस्ताव की हार्दिक सराहना की। इस विषय में औपचारिकताएँ पूरी करने के बाद दिसंबर में तत्कालीन प्रधानमंत्री पी.वी. नरसिम्हा राव ने उनके जन्मदिन 29 अगस्त को 'खेल दिवस' घोषित कर दिया।

ध्यानचंदजी के पूरे परिवार के लिए यह बहुत ही गर्व तथा हर्ष का विषय था। उन्हें ऐसा लगा कि राष्ट्र ने मेजर ध्यानचंद को उनका वह दाय लौटाया, जिसके वे अधिकारी थे। एक सच्चे देश-प्रेमी को, भारत माँ के सच्चे सपूत को उसकी भारत माता ने अपना दुलार दिया था।

29 अगस्त को 'राष्ट्रीय खेल दिवस' घोषित किया गया और अगले ही वर्ष से इस दिन खेल संबंधी अन्य पुरस्कार दिए जाने लगे; जैसे—अर्जुन पुरस्कार, द्रोणाचार्य पुरस्कार, राजीव गांधी खेल रत्न पुरस्कार आदि। विविध खेलों में उत्कृष्ट प्रदर्शन करनेवालों को ये पुरस्कार प्रदान किए जाते हैं। जो लोग अपना खेल जीवन समाप्त होने पर भी खेलों के क्षेत्र में विशेष योगदान देते हैं, उनको सम्मान देने के लिए इसी दिन 'ध्यानचंद पुरस्कार' देना भी आरंभ किया गया। ध्यानचंद के नाम से आरंभ किया गया यह पुरस्कार सही मायनों में उस महान् व विलक्षण खेल प्रतिभा के प्रति श्रद्धांजलि है, जिसके लिए उसका खेल ही धर्म था, सच्चा देश-प्रेम था।

ध्यानचंदजी ने जब ओलंपिक मेडल जीते, उस समय हमारा देश परतंत्र था और उन्हें यह बात बहुत खलती थी कि वे अपने तिरंगे के तले नहीं खेल पाते थे। उन्हें न चाहने पर भी ओलंपिक खेलों के दौरान यूनियन जैक के तले खड़े होना पड़ता था। उनकी व्यक्तिगत डायरी में लिखा है कि उनके लिए यह सब बहुत ही दुःखद था, क्योंकि वे अपने खेल के माध्यम से अपने तिरंगे की शान बढ़ाना चाहते थे।

भारतीय ओलंपिक संघ ने उन्हें 'शताब्दी का खिलाड़ी' घोषित किया। वर्ष 2002 में ध्यानचंदजी के सम्मान में नेशनल स्टेडियम का

नाम 'मेजर ध्यानचंद नेशनल स्टेडियम' कर दिया गया। इंडिया गेट के समीप स्थित ध्यानचंद नेशनल स्टेडियम में उनकी एक बड़ी मूर्ति भी लगाई गई। तत्कालीन खेल मंत्री सुश्री उमा भारती तथा माननीय लालकृष्ण आडवाणीजी के प्रयासों से यह कार्य संपन्न हुआ। समारोह में ध्यानचंदजी के व्यक्तित्व व कृतित्व पर प्रकाश डाला गया। भारतीय रेलवे ने उनके प्रति अपना सम्मान दरशाते हुए भारतीय खिलाड़ियों के लिए पेंशन व निःशुल्क यात्रा पास की सुविधा की घोषणा की।

लंदन में भारत के जिमखाना क्लब में एक एस्ट्रो टर्फ हॉकी पिच का नामकरण हॉकी के जादूगर कहलानेवाले मेजर ध्यानचंद के नाम पर किया गया है।

झाँसी के रेलवे इंस्टीट्यूट में ध्यानचंदजी की प्रतिमा लगाई गई है। झाँसी का नाम रोशन करनेवाले सपूत को अपनी श्रद्धांजलि देने के लिए झाँसी के निवासी भी पीछे नहीं रहे। झाँसी में ही एक पहाड़ी पर उनकी प्रतिमा लगाई गई है, जो पूरे झाँसी में कहीं से भी देखी जा सकती है। विएना के एक खेल क्लब में उनकी एक मूर्ति लगाई गई, जिसमें उन्हें

चार हाथों में हॉकी स्टिक पकड़े हुए दिखाया गया है।

हॉकी के सार्वकालिक सर्वश्रेष्ठ हॉकी खिलाड़ी तथा महान् सेंटर फॉरवर्ड मेजर ध्यानचंद के परिवार के सदस्यों में हॉकी के लिए एक जुनून था और यही जुनून आगे चलकर उनके पुत्र अशोक कुमार को पैतृक विरासत के रूप में प्राप्त हुआ। किसी भी पिता के लिए इससे बड़ा सम्मान और क्या हो सकता है कि उसका पुत्र उसकी विरासत में उसके गुणों को आगे ले जाए। उनके पुत्र अशोक कुमार ने बचपन से ही तय कर लिया था कि वह अपने पिता का नाम रोशन करेगा। वह बड़ी लगन व धैर्य से हॉकी का अभ्यास किया करते। उन्होंने सन् 1975 के विश्व कप फाइनल में हिस्सा लिया तथा पाकिस्तान के खिलाफ गोल करते हुए भारत को विश्व-विजेता बनाने में सहायक बने।

अशोक कुमार ने भारत की ओर से चार विश्व कप, दो ओलंपिक, दो एशियाई खेलों, ऑल एशियन स्टार तथा विश्व एकादश टीमों का प्रतिनिधित्व किया। वे वर्ष 1970 से लेकर 2002 तक इंडियन एयरलाइंस में एक खिलाड़ी व कोच के रूप में अपना अमूल्य योगदान देते रहे।

अनेक पुरस्कारों व सम्मानों से विभूषित अशोक कुमारजी को हॉकी के उत्कृष्ट प्रदर्शन के लिए भारत सरकार द्वारा 'अर्जुन पुरस्कार' से सम्मानित किया गया।

ध्यानचंदजी के लिए यह बहुत बड़ी बात थी कि उनका पुत्र हॉकी के क्षेत्र में उपलब्धि हासिल कर रहा था; परंतु वे अकसर अपने पुत्र के साथ हॉकी की बदहाली को लेकर चिंतित रहा करते। उनका एकमात्र स्वप्न यही था कि हॉकी एक बार फिर भारत का सिरमौर बने और इतनी सक्षम हो कि विदेशों में भारत की यश-पताका फहरा सके।

जब भी कोई उनकी खेल प्रतिभा की प्रशंसा करता तो संकोची व विनम्र स्वभाव के मेजर ध्यानचंदजी एक ही वाक्य कहते, "मेरी सभी उपलब्धियों का श्रेय केवल मेरा नहीं, यह मेरी पूरी टीम को जाता है।"

उन्होंने अपनी आत्मकथा 'गोल' में लिखा है—'आपको मालूम

होना चाहिए कि मैं एक बहुत ही साधारण आदमी हूँ।'

हम यह कहना चाहते हैं कि उस साधारण से आदमी के भीतर ही एक ऐसा असाधारण व्यक्तित्व छिपा था, जिसके लिए उसका खेल ही दीन और ईमान था। अब इससे अधिक और क्या कह सकते हैं कि आज भी जब कोई हॉकी का नाम लेता है तो मेजर ध्यानचंद का नाम स्वत: ही होंठों पर आ जाता है। ध्यानचंद तो हॉकी के पर्याय थे।

□□□